열혈청년 전도왕 2 야유편

열혈청년 전도왕 2 양육편

지은이 | 최병호
초판 발행 | 2013년 4월 22일
9쇄 발행 | 2024. 7. 31.
등록번호 | 제1988-000080호
등록된 곳 | 서울특별시 용산구 서빙고로 65길 38
발행처 | 사단법인 두란노서원
영업부 | 2078-3352   FAX 080-749-3705
출판부 | 2078-3331

책 값은 뒤표지에 있습니다.
ISBN 978-89-531-1918-5   03230

편집부에서 독자의 의견을 기다립니다.
tpress@duranno.com   http://www.Duranno.com

열혈청년 전도왕 2 양육편

최병호 지음

두란노

　최병호 선생님은 항상 이렇게 말씀하십니다. "얘들아, 이번 주 일요일에 교회 와라." 몇몇 아이들과 함께 선생님이랑 금요일 점심시간에 성경공부를 합니다. 그 시간에 참 많은 것을 배우고 느끼게 됩니다. 한 주를 살아가면서 예수님을 의지했는가, 그리스도인의 진정한 삶의 모습은 무엇인가 등 저희들에게 예수님을 더욱더 바라보게끔 지도해 주십니다. 삶에 전도가 배어 있는 선생님. 무엇보다 이 삶이 항상 감사하고 예수님을 믿는 것이 최고라고 하시는 선생님. 선생님을 만난 것이 축복입니다. 예수님의 사랑을 더욱더 알게 해주시는 선생님께 감사드립니다.

-김은지(고등학생)

병호 형은 항상 얼굴에 기쁨이 가득합니다. 그 기쁨의 원천이 궁금하여 물어보았을 때, 형은 "예수님 때문에 항상 기쁘게 산다"고 이야기합니다. 처음에는 이해되지 않는 답변이었지만 형의 삶 속에서 진정한 기쁨과 감사를 본 저는 그 기쁨과 감사의 근원이 되시는 예수님에 대해 궁금했습니다. 병호 형은 말로 전도를 하지만 그 전도의 진정한 힘은 항상 예수님의 사랑을 실천하고 예수님의 향기를 삶으로 보여 주는 형의 삶 속에 있다고 생각합니다. 언제나 한결같은 모습으로 예수님의 사랑을 알게 해준 형께 감사를 드립니다.

–김현기(회사원)

매주 금요일 점심시간에 저는 최병호 선생님이랑 다른 아이들과 함께 성경공부를 합니다. 그 시간에 최병호 선생님은 항상 이렇게 말씀하십니다. "내가 살면서 제일 기뻤던 것은 예수님을 만난 거야." 예수님에 대해서 잘 몰랐던 저에게 그 고백은 예수님을 더욱더 알고 싶게 만들었습니다. 최병호 선생님은 예수님과 관련된 서적도 주시고 저를 적극적으로 예수님께 인도하셨습니다. 언제나 웃으시며 열정적으로 전도하시는 선생님을 볼 때 마음에 도전이 됩니다. 최병호 선생님을 만나게 해주신 예수님께 감사하고 신실한 마음으로 예수님을 증거하는 선생님을 존경합니다.

–박지민(고등학생)

제게 병호는 예수님을 재밌고 즐겁게 잘 전달하고 제 동생에게도 복음을 전한 고마운 친구입니다. 자신의 삶 가운데 항상 함께하는 하나님을 즐거워하고 자랑하는 친구입니다. 이 책을 통해서 하나님을 사랑하는 사람과 그런 삶을 살아가는 아름다운 인생 이야기를 간접적으로 경험했으면 정말 좋겠습니다.

—박진한(회사원)

사람을 재밌게 하고 늘 에너지 넘치며 솔직하고 사람을 존중하는 따뜻한 마음 때문에 사람들이 병호를 좋아하지 않나 생각이 듭니다. 병호에게 "왜 그렇게 전도를 열심히 하냐"고 물은 적이 있습니다. "하나님을 기쁘시게 하는 여러 방법 중에서 전도를 하나님께서 가장 즐거워하시기 때문"이라고 했습니다. "하나님을 100% 신뢰하고, 인정해 드리고, 최고라고 자랑하는 것이 전도이기에 하나님께서는 전도를 가장 즐거워하실 거"라고 했습니다. 기독교인들이 느끼는 전도에 대한 두려움이 병호에게는 전혀 없어 보입니다. 늘 기발한 아이디어로 웃음짓게 하는 병호를 만날 때마다 도전받고 회복을 얻습니다. 병호를 만나게 해주신 하나님께 감사드립니다.

—박현진(회사원)

직장을 그만두고 또 다른 인생의 갈림길에서 방황할 무렵 병호라는 친구를 만났습니다. 처음 만나는 자리라서 서먹했던 저에게, "하나님은 너를 누구보다 잘 아시며 너를 사랑하시니 교회에 나가서 기도하며 예수님과 함께 행복한 삶을 살라"고 소개해 주었습니다. 사실 저는 예전에는 교회에 다녔지만 사회생활을 시작하면서 시간이 없다는 핑계로 점점 멀어지게 되었고, 다시 교회에 나간다는 것이 부끄럽고 죄스러웠습니다. 하지만 병호는 끝까지 포기하지 않고 끊임없는 관심과 격려로 저를 설득했습니다. 결국 못이기는 척하며 따라간 교회에서 누구보다 따뜻한 하나님을 만나게 되었고, 또 다른 인생을 시작하게 되었습니다. 그리고 병호를 통해 지금의 남편을 만나 귀여운 하나님의 자녀를 낳고 행복하게 살고 있습니다. 인생에서 가장 소중한 두 분(예수님, 남편)을 만나게 해준 병호는 제 삶의 은인입니다.

―신경희(회사원)

병호 선생님을 처음 알게 된 건 고2 때입니다. 한창 공부해야 할 시기에 여러 가지 안 좋은 사정으로 방황하던 저에게 선생님은 항상 하나님에 대해 얘기하며 위로해 주셨습니다. 저는 하나님을 전혀 알지 못했고 기회도 없었습니다.

일요일 아침만 되면 항상 집 앞으로 데리러 오셨고 저는 감사함과 죄송함으로 교회를 다니게 되었습니다. 그렇게 몇 개월이 흐르고 저는 왜 선생님은 자꾸 하나님을 알려주시는지, 왜 매일 저를 위해 기도해 주시는지 궁금했습니다.

그렇게 1년이 흐르고 고3이 되었습니다. 신기하게도 고3 때도 병호 선생님과 함께하게 되었습니다. 고3… 저에겐 큰 변화가 찾아온 시점입니다. 제 주변에 하나둘씩 믿음의 친구가 생기고, 하나님을 알고 싶다는 마음이 생겼습니다. 이렇게 변하고 있는 제 모습에 선생님은 기뻐하셨고 하나님을 더 많이 알 수 있도록 도와주셨습니다. 그렇게 저는 온전히 하나님을 만날 수 있었습니다.

지금 생각해 보면 하나님께서 처음부터 다 계획하신 일입니다. 주님께 너무 감사드리고 최병호 선생님께 너무 감사드립니다.

— 이지영(대학생)

신령한 두근거림! 오랜 신앙생활의 막다른 골목에서 변화를 갈구하던 저에게 주님은 병호를 소개해 주셨습니다. 삶의 모든 영역이 예수 그리스도를 전하는 데 초점이 맞춰진 병호는 '주님만이 삶의 이유'라는 고백을 진짜 삶으로 살아낸 하나님의 마음에 합한 자, 이 시대에 제가 만난 다윗입니다. 저는 병호를 통해 하나님 아버지의 가르침을 듣고 배웠으며, 아버지를 더 깊이 알게 되었고 더 사랑하게 되었습니다.

—정다이(초등학교 교사)

2년간 중국에서의 직장생활과 여러 가지 평계로 신앙도 바닥이고,

불평불만이 가득할 때 병호를 만났습니다. 저에겐 너무 당연하게 느껴졌던 사소한 일들이 병호에게는 감사와 기쁨이 넘치는 일임을 보고 그 풍성한 삶에 도전받아 저의 신앙이 회복되었습니다. 감사한 일들도 더 많아지고 있습니다. 하나님이 정해 주신 배우자도 만났고 예쁜 천사도 태어났습니다. 병호를 통해 감사를 배우게 하시고, 저의 삶에 감사가 넘치게 하신 하나님께 감사드립니다.

―최원영(회사원)

2010년에 쓴《열혈청년 전도왕》을 무척 사랑해 주셔서 놀랐습니다. 이메일과 편지를 많이 보내 주셨는데 일일이 답장하지 못해 죄송합니다. 부족하나마 두 번째 책으로 대신 인사드리려고 합니다.

3년 만에 책을 내게 된 데에는 몇 가지 이유가 있습니다. 우선, 하나님께서 저의 전도하는 삶을 많은 사람과 나누라는 마음을 강하게 주셨기 때문입니다. 제가 워낙 전도를 재미있어 하고 즐겁고 행복한 일로 여겨서 그러신 것 같습니다.

두 번째는 이 책을 통해 하나님께 감사를 올려 드리고 싶어서입니다. 많은 영혼이 저를 통해 교회로 인도되어 예수님을 믿게 해주시고 게다가 제가 맡은 부서에 부흥을 주셔서 얼마나 감사한지 모릅니다. 그 감사와 감동을 여러분과 나누고 싶습니다.

그리고 마지막으로 제가 생활 속에서 어떻게 전도하는지 또 어떻게 부흥을 이룰 수 있었는지를 여러분과 나눠야 한다는 책임감이 들어서입니다. 제 힘으로 한 게 없으니 하나부터 열까지 솔직하게 보여 드리는 게 은혜 받은 자의 책임이라고 생각합니다.

"너희 쌤(선생님) 예뻐 죽겠다. 일요일 날 제발 너희 쌤 따라 교회 나가라. 늦잠 자지 말고!"라고 말씀해 주신 학부모님과 "그동안 교회 다닌다고 괴롭혔던 거 미안하다"며 울면서 전화해 준 큰누나와 작은누나에게 감사 인사를 전합니다. 지금은 누나들도 교회에 잘 다니고 있습니다.

우울증 때문에 교회에 발길을 끊었다가 제 책을 읽고 힘을 얻어서 다시 교회에 나가게 되셨다는 자매님, 안 나가던 교회에 다시 나가서 차량 봉사도 하고 계시다는 분, 10년 동안 방황하며 살다가 기독교 방송에서 책 관련 인터뷰하는 저를 보고 저 청년이 다니는 교회에 나가게 해달라고 기도하고 진짜로 우리 교회에 다니게 되신 분, 목사님이 되겠다고 찾아온 정신과 치료 중인 청년, 신앙 핍박 받고 있는데 이제는 기쁜 마음으로 참고 이겨 낼 수 있겠다고 하신 분, 전도의 열정을 되찾게 되었다고 연락해 주신 분, 다시 힘내서 가족들을 전도하고 있으니 기도해 달라고 부탁하신 분, 친구들에게 전도하고 싶은데 어떻게 하면 되는지 알려 달라고 전화로 기도 부탁한 귀여운 초등학생 친구, 본인은 신내림 받고 무당이 되기를 권유받으셨지만 자녀는 제게 보내서 상담 받고 기도 받게 해주신 분, 출판사로 교회로 학교로 편지나 이메일 또는 전화로 고맙다고 격려해 주신 모든 분께 감사드립니다.

성령님이 저를 통해 하신 일 덕분에 이렇게 다양한 분들과 만날 수 있었습니다. 이 모든 것이 다 하나님의 은혜입니다. 그래서 저는 감사할 따름입니다. 하나님께서 어리바리하기만한 저를 도구로 사용해 주심에 다시 한 번 깊은 감사를 올려 드립니다. 모든 영광 또한 하나님께 돌려 드립니다.

전에 약속드린 대로《열혈청년 전도왕》의 인세 수익금은 모두 선교사님들과 농어촌 교회에 보내 드렸습니다. 그렇게 할 수 있게 해주셔서 감사드립니다. 하나님께서 허락하신다면 앞으로도 계속 책을 쓰고 싶습니다.

병호야, 너는
이 땅에
왜 태어났니?

2010년은 예수님을 믿은 지 13년째 되는 해였습니다. 그해 9월 아버지 생신날이 생각납니다. 아버지의 생신을 축하해 주기 위해 많은 친지들이 오셨습니다. 어머니와 저 그리고 숙모님을 비롯해서 누나와 매형들, 사촌과 조카들까지 아버지를 중심으로 둥그렇게 둘러앉았습니다. 그 자리에서 예수님을 믿지 않는 사람은 아버지 한 분뿐이셨습니다.

13년 전과는 달라도 너무 다른 장면입니다. 그로부터 13년 전 저는 예수님을 모르는 친지들에게 둘러싸여 한가운데서 울고 있었습니다. 친척 어르신들은 교회 다니면 가만두지 않겠다고 무섭게 소리 지르며 저를 혼내셨습니다. 그런 상황에서 눈물 흘리면서도 또박또박 제할 말을 다 했습니다.

"교회 가서 예수님을 만나야 천국 간대요. 큰아버지, 아버지, 형님들 그리고 여기 계신 모든 분들… 다 같이 저랑 교회 나가요. 그리고 저랑 같이 예수님 믿으세요."

어르신들은 저를 거실로 내쫓으며 벌을 세우셨습니다. 혼자 무릎 꿇고 앉아서 손들고 있던 바로 그 거실에서 전혀 다른 상황이 벌어진 것입니다.

저를 혼내셨던 친척 어르신들이 이제는 예수님을 믿고 교회에 다니십니다. 믿음의 가족, 친척들에게 둘러싸여 생신 축하와 함께 "아들 따라 교회 다니세요"라는 압박성 인사를 받으시는 아버지를 보니 만감이 교차했습니다.

'역전의 하나님. 참으로 하나님의 생각은 깊고 넓고 높으시구나!'

아직까지 아버지는 예수님을 믿지 않고 계시지만 언젠가는 아버지가 예수님을 믿게 되신 이야기를 책으로 쓸 날이 올 거라고 확신합니다.

제 책이 세상에 나오니 가장 좋아하며 자랑스러워하셨던 분이 바로 아버지이십니다. 평소에는 불교 책만 보시는데 크리스천 아들이 전도 책을 냈다니까 저보다 더 좋아하셨습니다. 친척들에게 일일이 한 권씩 선물하기도 하셨습니다.

저는 종종 이런 질문을 제 자신에게 던지고 스스로 답하곤 합니다.

"병호야, 너는 이 땅에 왜 태어났니?"

"나야, 교회 안 다니는 친구들이 예수님을 만날 수 있도록 도와주러 태어났지! 와우, 멋지지?!"

세상에서 전도하기 제일 좋은 환경에서 태어난 것 같아 감사하기도 하면서 한편으로는 죄송합니다. 목숨 걸고 선교하고 계시는 분들께 말입니다. 하늘나라 면류관을 받으실 만한 믿음을 갖고 계신 그분들이 부럽기도 하고요. 북한에서 신앙생활하면서 몰래 이웃에게 전도하려고 목숨을 거시는 분들께 부끄럽지 않기 위해 열심히 노력하며 살겠습니다. 할 수 있는 한 최선을 다해서 전도하며 살겠습니다.

제가 전도한 새가족이 교회에 정착하면 큐티 책을 선물하곤 합니다. 제 평생에 새가족을 늘 붙여 주셔서 날마다 큐티 책을 한두 권씩 선물하는 삶을 살았으면 좋겠습니다. 그렇게 역사하실 하나님께 미리 감사드립니다.

저는 사람 살리는 일이 말할 수 없을 정도로 좋습니다. 제가 가르치던 아이를 119구급차에 싣고 응급실에 간 적이 몇 번 있습니다. 달리는 차 안에서 심장이 닳아 없어질 것 같은 심정으로 아이에게 제발 아무 일도 없기를 기도했습니다. 그때 알았습니다. 바로 그런 심정으로 아이들을 살려야 한다는 것을요.

 몸이 아프면 구급차에 태워서 병원에 가듯이 마음이 아프고 영적으로 죽어 있는 아이들을 얼른 교회로 데려 와야 살릴 수 있습니다. 그런 심정으로 전도하고 있고 앞으로도 그럴 것입니다.

 부산에 있는 학교에서 아이들하고만 있다 보니 비속어 남발에 사투리는 기본이고 신학을 전공하지 않아 말씀을 깊이 있게 해석할 줄도 모르고 게다가 글재주까지 없습니다.

 그럼에도 불구하고 이렇게 책을 쓰게 하셨으니 저를 사용하신 하나님의 손길과 은혜를 나름대로 솔직하게 보여 드리고자 합니다.

2013년 4월
최병호

Contents

Part 2. 열혈청년의 Hot 양육 노하우 전수

Chapter 1
새가족 정착법

Chapter 2
더불어 부흥법

Part 3. 열혈청년, 떠나다

Chapter 1
지구별 땅끝까지

Chapter 2
지금 있는 곳이 땅끝

저는 바울만큼 깊은 깨달음도 없고 높은 경지에 이르지도 못했습니다. 그러

나 놀라운 복음의 비밀만큼은 확실하게 깨달았습니다. 하나님이 우리를 위해

준비해 두신 천국이 실제로 느껴집니다. 천국만 생각하면 언제나 심장이

벌렁벌렁합니다. 이 비밀이 너무나 엄청나서 저 혼자 품고 있기에는

죄스럽습니다. 사실 이것은 더 이상 비밀이 아닙니다. 하나님께서 드러내기로

작정하셨고, 우리가 마음의 문을 열기만 하면 하나님의 풍성한 비밀의 은혜

가, 비밀의 경륜이, 그 부요함이 우리에게 흘러넘치게 될 것입니다. 저항할 수

없는 폭포수 같은 하나님의 물줄기 속으로 들어가면 신바람이 납니다.

PART 1

열렬청년의 열렬한
마음 나누기

전도는 나를 위한
뼁튀기입니다

....

전도 한 줌에 소쿠리 가득 은혜가 넘쳐요

불에 달군 틀에 쌀 한 줌을 넣고 "뼁이요!" 하고 터뜨리고 나면 소쿠리 가득 뼁튀기가 담깁니다. 전도는 마치 뼁튀기 같습니다. 진짜 제가 한 것은 한 줌밖에 안 되는데 하나님이 주시는 걸 보면 소쿠리가 차고 넘칩니다.

그러고 보면 전도는 다른 사람이 아닌 자기 자신을 위해서 하는 일인 것 같습니다.

> "지혜 있는 자는 궁창의 빛과 같이 빛날 것이요 많은 사람
> 을 옳은 데로 돌아오게 한 자는 별과 같이 영원토록 빛나
> 리라"(단 12:3).

저는 이 말씀을 묵상할 때마다 가슴이 설레고 벅차오릅니다. '옳은 데'가 어디일까요? 바로 교회입니다. 교회로 인도해서 예수님을 만나게 해주는 것이 바로 옳은 데로 돌아오게 하는 것입니다. 말씀대로 순종하여 실천했더니 엄청나게 많은 열매를 맺을 수 있었습니다.

> "좋은 땅에 뿌려졌다는 것은 말씀을 듣고 깨닫는 자니 결실하여 어떤 것은 백 배, 어떤 것은 육십 배, 어떤 것은 삼십 배가 되느니라 하시더라"(마 13:23).

말씀을 듣고 깨달은 자는 100배, 60배 적어도 30배의 결실을 거둘 수 있다고 합니다.

개인적으로 저는 주식에 관해 아는 것도 없고 할 생각도 없습니다. 하지만 만약에 원금을 100% 보장할 뿐만 아니라 100배, 60배, 30배의 이율까지 보장해 주는 주식거래가 있다면 아마도 사람들이 전 재산을 털어서라도 앞다퉈 투자할 것입니다. 이율이 300%도 아니고 적어도 3000% 이상인데 투자를 안 한다면 바보이겠지요.

저는 하나님의 말씀을 100% 믿습니다. 세상에서 최고의 수익을 낸다는 펀드매니저는 못 믿어도 말씀이 곧 육신이 되신 주님의 말씀이라면 무조건 믿습니다.

하나님은 정말로 약속을 지키고 이루시는 분이기 때문입니다.

"주라 그리하면 너희에게 줄 것이니 곧 후히 되어 누르고 흔들어 넘치도록 하여 너희에게 안겨 주리라 너희가 헤아리는 그 헤아림으로 너희도 헤아림을 도로 받을 것이니라"(눅 6:38).

"그런즉 너희는 먼저 그의 나라와 그의 의를 구하라 그리하면 이 모든 것을 너희에게 더하시리라"(마 6:33).

그런 믿음으로 말씀을 보면 전도는 결국 나 자신을 위한 일이라는 고백을 할 수밖에 없습니다. 그래서 저는 어디를 가나 '전도는 뻥튀기'라고 자신 있게 말하고 다닙니다. 적어도 30배, 잘하면 60배, 아주 잘하면 100배가 되어 돌아오는 뻥튀기라고요.

열혈청년 전도왕의 두 번째 이야기는 그동안 제가 전도에 대해 품었던 마음가짐에 대해서부터 시작하려고 합니다.

전도는 양육까지!

전하지 않고는
살 수가
없으니까요

이 부담감은 도대체 어디서 온 거죠?

저는 교회를 다니지 않는 친구를 보면 교회 가자는 말을 꼭 해야지 만약에 하지 않으면 답답해서 미칠 지경이 됩니다. 복음을 전하지 않고는 도저히 견딜 수가 없습니다. 아직 복음을 듣지 못한 친구가 안타깝고 그에게 미안한 마음이 들어서 그렇습니다. 기어코 복음을 전하고 예수님을 만나러 교회 가자고 한 다음에야 비로소 마음이 편안해집니다.

대체 왜 이럴까요? 저는 왜 복음을 전하지 않으면 마음이 영 불편하고 힘든 걸까요? 이런 마음의 부담감은 도대체 어디서 온 거죠?

'거룩한 부담감'인 것은 분명하지만 어떻게 해서 그런 마음을 갖게 되었는지는 제 자신도 알 수가 없었습니다. 스스로에게 질문을 던지고 곰곰이 생각해 보기도 했지만 답을 찾지 못했지요.

그러다가 '아하, 바로 이거구나!' 하고 깨닫는 사건이 일어났습니다. 제가 다니는 수영로교회의 담임목사이신 이규현 목사님의 설교를 듣고 무릎을 친 것입니다. 한 편의 설교가 사람을 변화시킨다고 하더니 딱 제 얘기였습니다.

목사님의 말씀이 제 심장을 파고들었습니다. 혼자 가슴이 벅차고 감격스러워서 '맞다, 맞아. 이거였어!'를 마음속으로 100번도 더 한 것 같습니다. 목사님의 설교를 듣고 있자니 마치 주위에 아무도 없고 하나님과 목사님과 저만이 그 자리에 있어서 두 분이 저를 바라보고 웃으며 자상하게 말씀해 주시는 것 같았습니다. 저 또한 마음속으로 엄청나게 많은 이야기를 하나님과 목사님께 드렸지요. 셋이서 대화를 나누는 것만 같았습니다.

그날 제가 깨달은 것은 제 안에 그리스도의 비밀, 복음의 비밀이 있다는 사실입니다. 이것이 저로 하여금 복음을 전하지 않으면 견디지 못하게 만든 것이었습니다. 설령 누가 저를 죽인다고 해도 복음을 말하지 않고는 견딜 수 없을 것 같습니다.

"내가 복음을 전할지라도 자랑할 것이 없음은 내가 부득불 할 일임이라 만일 복음을 전하지 아니하면 내게 화가 있을 것이로다"(고전 9:16).

바울은 엄청난 비밀을 깨달은 자로서 사명감을 가졌고 도저히 가만히 있을 수 없을 만치 중압감을 느꼈습니다. 저 또한 그렇습니다. 전도는 당연히 할 일이고 진짜로 복음을 전하지 않으면 하나님께 죄를 짓는 듯한 기분이 듭니다. 놀라운 복음의 비밀을 깨닫게 해주신 성령님께 감사할 따름입니다.

모든 걸 바꿔 버린 열일곱의 강렬한 순간

"복음의 비밀을 깨달은 자와 그렇지 못한 자는 겉으로 보기에는 비슷해 보이지만 그 차이는 하늘과 땅이며, 비밀을 깨닫는 순간 전하지 않으면 안 된다는 사명감이 생기는 법이다. 복음을 주워들은 것으로는 인생이 변하지 않는다. 듣고 깨달아야만 변화된다."

목사님이 말씀하시자 제 머릿속에 한 사람이 떠올랐습니다. 고등학교 때 제게 복음을 전해 주신 '초코파이 아줌마' 이정화 목사님입니다. 당시 종교 상담 실장이자 전도사였던 이정화 목사님은 아침을 안 먹었거나 성경 말씀을 듣기 위해 오는 아이들에게 초코파이를 나눠 주며 복음을 전하곤 하셔서 '초코파이 아줌마'라는 별명을 갖게 되셨지요. 불교 신자였던 저는 전도사님에게 이런저런 방법으로 많이 대들었습니다.

그러다가 열일곱 살 때 전도사님을 통해서 그리스도의 비밀을 알게 되었는데, 그 느낌이 너무나 강렬해서 마치 하나님의 말씀에 제 영혼이 녹아내리는 듯 황홀했던 기억이 납니다.

이규현 목사님이 "비밀을 깨달아 아는 것과 전하여 아는 것에는 큰 차이가 있다. 깨달은 사람에게는 너무나 당연한 것이 깨닫지 못한 사람에게는 구름 위의 세계일 뿐"이라고 하셨는데, 그때 깨달았습니다. 열일곱 살 때 느꼈던 그 황홀감이 바로 복음의 비밀을 깨닫는 순간이었음을. 제 삶을 움직이는 핵심적인 힘은 제가 아는 데서 오는 것이 아니라 깨달은 데서 오는 것이었습니다. 그래서 제 인생이 변화된 것입니다. 왈칵 눈물이 쏟아졌습니다.

저로 하여금 진짜 비밀을 알도록 해주신 하나님께 감사를 올려 드렸습니다. "영광 중에 영광, 자랑 중에 최고로 자랑스러운 일인 전도의 사명을 맡겨 주신 하나님이 너무 좋아요!" 하고 고백하지 않을 수가 없었습니다.

하늘의 비밀을 깨달으면 충격을 받고 인생의 가치관이 확 바뀌고 이전과는 다른 삶을 살게 된다는 말씀에 고개가 끄덕여졌습니다. 제 인생도 복음으로 인해 확 바뀌었으니 말입니다.

깨달아 알면 행복해집니다

신앙의 세계에는 비밀이 있어야 합니다. 남다르게 예수님을 믿는 사람들에게는 비밀이 있는 법입니다. 오지에서 가족과 함께 선교하는 것은 누가 봤을 때는 이해 안 되는 무모한 짓이겠지만 비밀을 깨우친 사람에게는 굉장히 영광스럽고 자랑스러운 일입니다.

사람들이 저를 보면 "당신은 정말 행복해 보여요"라고 말해 줍니다. 저 또한 제 자신이 행복하다고 느낍니다. 하지만 예전에는 그 행복이 무엇인지 설명할 수가 없었습니다.

그런데 목사님의 설교를 통해서 그게 무엇인지 깨달았습니다.

"세상 사람들이 알지 못하는, 자기가 발견하고, 자기가 깨달은, 자기만이 알고, 자기만이 체득한 자기의 인생을 사로잡는 영적 비밀을 가진 사람이 진정으로 행복한 사람입니다."

인생에 있어서 열심히 노력하고 부지런히 사는 것도 중요하지만 그것보다 더 중요한 것이 있습니다. 노력으로는 할 수 없는 것입니다. 하나님이 만들어 놓으신 구원의 원리들, 법칙들, 하늘의 비밀들을 깨닫는 것입니다. 그리스도 안에 구원의 길, 승리의 길, 형통의 길, 문제 해결의 길이 있습니다.

오늘날 구원의 진리를 깨닫고 믿음으로써 신앙생활을 하고 있다는 것은 결코 작은 깨달음이 아닙니다. 믿음으로써 구원을 얻는다는 진리가 거저 주어진 게 아니기 때문입니다. 제게 오기까지 앞서 어마어마한 대가를 지불한 그 진리를 깨달아 아는 것이 어떻게 작은 은혜이겠습니까?

하나님의 진리를 온전히 깨닫게 되면 그 진리가 삶을 온통 뒤흔듭니다. 얼마나 많이 가졌는지, 얼마나 열심히 살고 있는지와 같은 세상적인 것들보다 하나님의 비밀을 아는 자답게 얼마나 잘 사느냐가 더 중요합니다.

'이 세상을 살아가는 데 가장 중요한 것은 무조건 열심히 사는 게 아니라 하나님의 비밀을 깨달은 자로 사는 것이로구나!'

이걸 깨달으니 제가 누리는 은혜와 축복이 그렇게 크게 느껴지고 감격스러울 수가 없습니다. 수많은 믿음의 선배들 덕택에 이렇게 행복한 신앙생활을 하고 있다는 것이 너무나 감사합니다.

감추인 보화를 나만 캘 수는 없잖아요

사도 바울은 감옥에서도 당당했고 불행의 그림자를 찾아볼 수 없을 정도로 평온했습니다. 오히려 여유롭고 부유해 보였습니다. 자기 안에 있는 영광 때문에 그에게는 권위가 서려 있었습니다. 하나님의 비밀을 깨달은 자로서 하나님의 은혜에 휩싸여 있었던 것입니다.

> "그 안에는 지혜와 지식의 모든 보화가 감추어져 있느니라"(골 2:3).

그는 자기가 붙잡고 있는 복음의 영광스러움을 알았습니다. 진리를 알고 복음의 비밀을 깨닫는 것은 이렇게 엄청난 것입니다. 인생의 문제를 푸는 열쇠는 그리스도 안에 있습니다. 인생의 모든 절망을 한순간에 다 걷어 낼 만한 지혜와 지식의 보화가 그리스도 안에 있습니다. 이 보화는 사람이 일평생 동안 캐고 또 캐도 끝이 없는 것입니다.

이규현 목사님은 신앙생활에 대해서 이렇게 말씀하셨습니다.

"신앙생활이란 '그 안', 즉 '그리스도 안'에 감춰져 있는 지혜와 지식의 모든 보화를 조금씩, 조금씩 캐내면서 더 깊은 곳으로 찾아 들어가는 기쁨을 누리는 것입니다. 그래서 신앙생활을 하면 할수록 기뻠이 더욱 충만해집니다. 기쁨이 충만한 이유는 그리스도 안에 감춰진 것들을 점점 더 깊이 알아가게 되기 때문입니다. 이것이 바로 우리의 기쁨의 근원이 되어야 합니다. 그리스도 안에 감춰져 있는 보화를 캐내야 합니다. 그렇게 하면 가면 갈수록 우리 안에 더 큰 은혜가, 더 큰 기쁨이 찾아오게 될 것입니다."

이 말씀을 들으며 저 또한 날마다 그리스도 안으로 점점 더 깊이 들어가 캐낸 자의 기쁨을 누리리라고 다짐하고 또 다짐했습니다. 그리스도 안에 있는 풍성함을 깨닫고 누리며 사는 은혜를 제게 달라고 기도했습니다.

저는 바울만큼 깊은 깨달음도 없고 높은 경지에 이르지도 못했습니다. 그러나 놀라운 복음의 비밀만큼은 확실하게 깨달았습니다. 하나님이 우리를 위해 준비해 두신 천국이 실제로 느껴집니다. 천국만 생각하면 언제나 심장이 벌렁벌렁합니다. 이 비밀이 너무나 엄청나서 저 혼자 품고 있기에는 죄스럽습니다.

사실 이것은 더 이상 비밀이 아닙니다. 하나님께서 드러내기로 작정하셨고, 우리가 마음의 문을 열기만 하면 하나님의 풍성한 비밀의 은혜가, 비밀의 경륜이, 그 부요함이 우리에게 흘러넘치게 될 것입니다. 저항할 수 없는 폭포수 같은 하나님의 물줄기 속으로 들어가면 신바람이 납니다.

그날 이규현 목사님이 설교를 마치며 하신 축복 기도가 제 머릿속에서 떠나질 않습니다.

"그리스도 안에 있는 그 비밀의 오묘함과 경이로움에 세월이 가면 갈수록 더 깊이 빠져 들어가는 은혜를 허락하여 주시옵소서. 그리스도의 비밀을 깨달아 아는 자로 살게 하여 주시옵소서. 그리스도 안에 감춰져 있는 숱한 지혜와 모든 보화를 캐내는 자로 살게 하여 주시옵소서.

그래서 이 비밀을 세상 가운데 알리고 모든 사람과 함께 나누고자 하는 바울의 심정을 가질 수 있도록 은혜를 베풀어 주시옵소서. 예수 그리스도의 이름으로 기도드립니다. 아멘."

저는 이 말씀이 제 평생에 이루어지기를 기도합니다.

"아멘."

전도는 저의
첫 번째 결단입니다

그때, 왜 나한테 아무 말도 안 했어?

'인생은 결단이다'라는 말이 있습니다. 결단한 대로 열심히 살다 보면 정말로 그렇게 된다는 뜻이죠.

'결단' 하면 떠오르는 성경 인물이 있습니다. 바로 다니엘입니다. 그를 설명할 때 빠지지 않고 나오는 구절이 있는데 바로 이것입니다.

> "다니엘은 뜻을 정하여 왕의 음식과 그가 마시는 포도주로
> 자기를 더럽히지 아니하리라 하고 자기를 더럽히지 아니

하도록 환관장에게 구하니"(단 1:8).

다니엘이 가장 먼저 한 일은 '뜻을 정하는' 일이었습니다. 분명한 삶의 목표와 기준을 정했다는 뜻입니다. 하나님 앞에 서기로 결단했기 때문에 그의 삶은 풍성하고 아름다울 수밖에 없었습니다.

저도 다니엘처럼 뜻을 정했습니다.

'하늘나라 갈 때까지 전도하는 삶을 살겠다.'

이렇게 결심할 수 있었던 것은 스승을 잘 만났기 때문입니다. 처음으로 제게 복음을 전해 주신 이정화 목사님을 잊을 수가 없습니다. 그리고 제게 교회 가자고 말해 준 세 명의 친구들도 잊지 못합니다. 너무나 감사해서, 너무도 고마워서 죽을 때까지 목사님과 세 친구들을 위한 기도를 쉬지 않겠다고 다짐했습니다.

그런데 예수님을 믿고 난 후에 감사의 마음만 있으면 좋았을 텐데 한편으로는 미움이 가득 차올랐습니다. 저한테 교회 가자고 말하지 않았던 친구들이 괘씸했던 것입니다. 너무 미워서 데스노트(Death Note)에 이름을 적어서 하나씩 제거해 나가고 싶기까지 했습니다. 실제로 쉬는 시간마다 한 사람씩 찾아가 따지기도 했습니다. 끔찍하지요? 지금 생각하면 부끄럽고 그 친구들에게 미안하지만 그때는 정말로 얄미웠습니다.

사람을 낚는 어부가 뭔지는 몰라도

그래도 분이 풀리지 않아서 교목실을 찾아갔습니다. 당시 전도사이셨던 이정화 목사님께 저한테 복음을 전하지 않았던 친구들을 불러서 화내고 따지기도 했다고 이실직고했습니다. 이야기를 다 들으신 목사님이 야단치실 줄 알았는데 전혀 뜻밖의 말씀을 해주셨습니다.

"병호야, 많이 힘들었지? 그럼, 병호는 이제 하늘나라 갈 때까지 이 땅에서 어떤 삶을 살아야 하는지 알겠네?"

목사님의 물음에 저는 울면서 고백했습니다.

"네, 제가 앞으로 어떤 환경에서 어떻게 살게 되더라도 복음을 전하며 살겠어요. 복음을 전하는 삶이 가장 아름답고 존귀하고 가치 있고 보람되고 행복하다는 것을 알았어요. 그리고 하늘나라 갔을 때 하나님이 가장 칭찬하시며 상급을 주실 것이라는 것도 알겠어요. 저는 이제 복음을 전하는 삶을 살 거예요."

"아이쿠, 병호야. 어쩌면 이렇게 기특하니! 사실 네가 성경 시간마다 내게 따지고 소리 지를 때부터 나는 이미 너를 알아봤단다. 불교 학생회장 하던 너를 위해 기도했어. 사울이 예수님을 믿고 바울이 된 것처럼 병호도 예수님을 믿고 바울과 같이 변화되게 해달라고 기도했지. 이제부터는 네가 베드로처럼 사람을 낚는 어부가 되게 해달라고 기도해야겠다. 내가 너를 위해 평생 기도하마."

"네, 전도사님. 베드로가 누군지는 모르겠지만 그분처럼 살겠습니다. 사람을 낚는 어부가 뭔지는 몰라도 이제부터 저는 사람 낚는 어부가 될 거예요."

그때 울면서 드렸던 고백이 지금의 저를 만들었다고 확신합니다. 다니엘처럼 제 인생의 방향을 정했던 것입니다.

뜻을 정한다는 건 방향을 정한다는 뜻입니다. 일단 방향을 정하고 여기에 노력과 성실과 부지런함을 더하면 하나님이 반드시 들어 쓰신다고 배웠습니다.

"푯대를 향하여 그리스도 예수 안에서 하나님이 위에서 부르신 부름의 상을 위하여 달려가노라"(빌 3:14).

뜻, 즉 방향을 옳게 정하여 열심히 달려가라는 이 말씀을 항상 마음에 새기고 있습니다. 여기에 겸손한 마음으로 끈기와 성실로 꾸준히 최선을 다한다면 하나님이 반드시 높여 주시리라고 확신합니다. 성경에 그렇게 기록되어 있으니까요.

"그러므로 하나님의 능하신 손 아래에서 겸손하라 때가 되면 너희를 높이시리라"(벧전 5:6).

하나님은 저의 마음을 받기 원하신다는 것을 압니다. "내 아들아 네 마음을 내게 주며 네 눈으로 내 길을 즐거워할지어다"(잠 23:26)라고 말씀하신 대로 저는 제 마음을 하나님께 드렸습니다. 전도하는 삶을 살겠다고 뜻을 정했을 때 이미 저의 몸과 마음을 하나님께 다 드렸습니다. 이제 제가 할 일은 제 눈으로 하나님이 인도해 주시는 길을 기대하며 마음껏 즐거워하는 것입니다.

존귀한 자가 되는 법을
알고 있습니다

기쁘고 신 나고 행복할 수밖에

예수님은 이 땅에 오셔서 가르치고 병자들을 고치고 복음 전하는 일을 하셨습니다. 전능하신 하나님의 독생자께서 이런 일들을 혼자 하지 않으시고 특별히 제자들을 불러서 함께 사역하셨습니다. 예수님을 믿고 구원 받아 하나님의 자녀가 되는 것도 감사한 일인데, 예수님의 사역에 동참한다면 얼마나 감격스럽고 기쁘겠습니까?

저보다 잘나고 멋진 사람도 많은데 죄 많고 어리바리하고 철없는 저 같은 자를 구원하고 기뻐하셨으니 어떻게 감사하지 않을 수가 있겠습니까?

> "하나님의 지혜에 있어서는 이 세상이 자기 지혜로 하나님
> 을 알지 못하므로 하나님께서 전도의 미련한 것으로 믿는
> 자들을 구원하시기를 기뻐하셨도다"(고전 1:21).

게다가 복음을 전하는 일에 동역하게 하시니 어찌 기쁘지 않을 수가 있겠습니까? 재벌그룹 회장이 아무것도 없는 저한테 같이 일하자고 해도 기절할 만큼 놀랍고 감격스러울 텐데, 만왕의 왕이신 하나님께서 저보고 예수님의 사역에 동참하여 복음을 전하라고 하시니 매일이 기쁘고 신 나고 행복할 수밖에 없습니다.

하나님은 저로 하여금 전도하는 삶을 살게 하시더니 때로는 아브라함처럼 복의 근원이, 때로는 요셉처럼 축복의 통로가, 때로는 모세처럼 하나님의 선한 막대기가 되게 하십니다. 너무나 황홀하고 영광스럽습니다.

그리고 다른 헛된 것에 마음 빼앗기지 않고 저의 모든 열정을 하나님이 기뻐하시는 가치 있는 일에 쏟게 하시니 무척 감사하고 좋습니다. 복음 전하고 생명 살리는 일에 제 모든 것을 올인(all in)해서 거기서 삶의 의미를 발견하고 기쁨을 누리는 것이 정말 행복합니다. 복 중의 복이 아닐 수 없습니다.

세상에 존귀한 일이 참 많습니다. 119 소방대원들이 목숨을 걸고 불구덩이 속에서 사람을 살리는 모습을 보면 경이롭기까지 합니다. 존경하는 마음으로 힘찬 박수를 보내지 않을 수가 없습니다. 하지만 그렇게 사람을 살려 놓아도 70~80년 살다가 죽게 마련입니다.

저는 영원한 생명을 살리는 일이 가장 가치 있고 아름답고 존귀한 일이라고 확신합니다. 저의 전도를 통해 사람들이 교회에 와서 예수님을 믿고 자녀가 되면 그들은 영원히 천국에서 살게 됩니다.

> "존귀한 자는 존귀한 일을 계획하나니 그는 항상 존귀한
> 일에 서리라"(사 32:8).

제가 아는 한 이 세상에서 가장 존귀한 삶은 복음을 들고 예수님을 전하는 삶입니다. 말과 행동으로 모범을 보이고 교회 가자고 권하며 기도하고 힘쓰는 삶입니다. 게다가 하나님이 "많은 사람을 옳은 데로 돌아오게 한 자는 별과 같이 영원토록 빛나리라"(단 12:3)고 말씀하시는데 어찌 들뜨지 않을 수 있으며 감격하고 또 감탄하지 않을 수 있겠습니까?

영광스럽고 황홀한 삶을 사는 법, 기쁨과 감사가 항상 넘쳐 나는 삶을 사는 법, 주님과 동행하며 성령 충만하게 사는 법, 존귀한 자가 되어 존귀한 일을 하며 별과 같이 빛나는 삶을 사는 법…. 비록 저는 아직 33년밖에는 살지 않았지만, 예수님 믿고는 16년밖에 살지 않았지

만 그 방법을 알고 있다고 자신 있게 말할 수 있습니다.

"전도가 답입니다!"

전도하는 삶을 한번 살아 보면 분명히 알게 될 거예요. 그러면 이런 고백이 절로 나올 겁니다.

"진짜네. 참말이야. 정말 그렇구나. 진작 이렇게 살 걸!"

전도의 즐거움이
양약이 됩니다

세상은 즐거워서 하는 사람을 이기지 못합니다

세상에서 성공한 사람들 거의 대부분이 "자신이 하고 싶은 일을 즐겁게 하면 성공한다"고 조언합니다. 그들이 솔로몬 왕의 말을 알았는지 알 수 없지만, 솔로몬 왕도 똑같은 이야기를 했습니다.

> "그러므로 나는 사람이 자기 일에 즐거워하는 것보다 더
> 나은 것이 없음을 보았나니 이는 그것이 그의 몫이기 때문
> 이라…"(전 3:22).

저는 이 고백을 항상 마음속에 새기며 살고 있습니다. 지금 제가 즐거워하는 일은 당연히 전도입니다.

전도는 예수님의 지상명령이기에 크리스천이라면 누구나 복음을 전할 의무가 있습니다. 의무이니만큼 영적으로 무장하고 비장한 각오로 임해야 하지만 그렇다고 억지로 하거나 무거운 마음으로 하기보다는 전도 자체를 즐기면서 하면 얼마든지 재미있고 행복하게 할 수 있다는 것을 깨달았습니다.

즐기는 것만큼 좋은 것도 없는 것 같습니다. 전도하다 보면 물론 힘든 일도 만나고 여러 가지 어려운 일을 겪게 되기도 하지만 항상 감사한 마음, 즐거운 마음으로 하면 전도 자체를 즐길 수 있습니다. 정말로!

행복은 감출 수가 없습니다

제가 교사로 있는 브니엘예술고등학교는 기독교 학교입니다. 그래서 선교부가 따로 있습니다. 저는 선교부의 기획을 맡았기 때문에 학교의 모든 종교 행사와 예배를 목사님과 부장 선생님을 도와 준비하고 학생들의 신앙 상담 및 관리를 하고 있습니다.

그러다 보니 믿음의 친구들과 이야기를 나눌 기회가 많습니다. 저보다 10년 이상 어린 친구들이지만 이들의 순수하면서도 확고한 믿음과 하나님을 향한 열정을 보고 있노라면 도전이 될 뿐더러 오히려 제가 더 많이 배우곤 합니다. 때로는 부끄러워서 혼자 반성할 때도 있습니다.

하루는 믿음 생활 잘하는 아이들 몇 명이 저를 찾아왔습니다.

"병호 쌤. 쌤은요, 억수로 단순하게 사시는 거 같아요."

"뭐라꼬? 니네들, 지금 내보고 단순하다고 놀리는 거가, 맞제?"

"아니에요, 쌤. 그게 아니라 쌤이 부러워서 그라는 거예요."

"뭐, 부럽다꼬? 무슨 소리고? 괜히 맞을 거 같으니까 장난치는 기 제? 니네들 다 주겠어!"

"아이, 진짜 부러워서 그런다니깐요. 쌤은 전도하는 삶을 사시잖아 요. 진짜 행복해 보여요. 그니까 한마디로 행복한 전도의 삶을 사시는 분이라 부럽다꼬요."

"응, 진짜? 내가? 참말로 그렇게 보이더나? 아이쿠, 어쩐지 오늘따 라 너네들이 억수로 예뻐 보이더라. 쌤, 거짓말 못하는 거 알제?"

저는 정말로 행복하게 삽니다. 전도할 수 있어서 행복합니다. 아이 들한테 제 행복의 비결을 말해 준 적이 없는데 어떻게 알았는지 신기 하기만 합니다. 아이들의 눈에는 제가 그렇게 보이나 봅니다. 아이들 이 제대로 봤습니다. 진짜로 행복하니까요.

저는 어떻게 하면 즐겁게 즐기면서 전도할 수 있는지 방법을 항상 찾습니다. 생각해 보니 믿음 생활한다고 신앙 핍박받았을 때 빼고는 내내 즐겁고 행복한 전도의 삶을 살아오고 있는 것 같습니다.

때와 장소를 가리지 않고 즐겁게 전도합니다

저의 전도 스타일의 변천사를 보면 크게 네 부분으로 나눌 수 있습 니다.

고등학교 때, 대학교 때, 군대에 있을 때 그리고 직장 생활을 하고 있는 지금입니다. 스타일은 조금씩 달라졌어도 항상 주어진 상황 속에서 가장 즐겁고 재미있게 즐기면서 전도할 수 있는 방법을 찾는 건 동일합니다. 전도 덕분에 제 삶이 행복하고 즐거운 만큼 다른 사람에게 전도하는 일도 재미있게 하는 것입니다.

예를 들어, 대학생 때는 이렇게 전도하기도 했습니다. 화장실에서 볼일을 보고 나오다가 배를 움켜잡고 뛰어오는 친구와 마주쳤습니다.

"어이, 반갑다! 근데 니 와그라노? 설사가?"

"어-어-어, 큰 기다. 아~ 배 아파 죽겠다."

워낙 친한 친구라 갑자기 장난치고 싶어졌습니다. 친구에게 다가가서 왼손으로 그의 팔을 꽉 붙잡고 오른손을 펴서 옆구리를 사정없이 찔러 댔습니다. 안 그래도 폭발할 것만 같은데 제가 찔러 대니 친구가 자지러졌습니다.

"와아아아~ 병호야, 니-니- 와카노? 이라지 마라. 아, 좀!"

"괜찮다. 내 딱 보니 참을 만한 거 같네. 일루 와봐라 내가 좀 봐 줄게."

"아, 살리도! 행님, 병호 행님아!"

"내가 와 니 행님이고? 그럼 교회 간다캐라. 그러면 내 보내 줄게."

"뭐-뭐- 뭐라꼬? 교회? 지금 장난치나? 화장실 보내도 좀!"

"아직 정신 못 차렸다, 니. 알긋다. 아직 살 만한가 보네. 말랑말랑 배 쿠션 장난 아니게 좋네."

배를 쿡쿡 찌르면서 웃어 대자 급기야 친구가 바닥에 주저앉아 뒹굴기 시작했습니다.

"아이고, 아랐다! 교회 갈게. 놔도! 가-가-가끄마. 이제 됐제? 보내도. 쌀 것 같단 말이다."

친구도 웃느라 숨이 가빠져서 두 손을 들고 말았습니다. 저는 때를 놓치지 않고 다짐을 받았습니다.

"오케이, 니 진짜 간다캤데이. 아라쓰. 진작 그렇게 말했으면 빨리 보내 줬지. 가서 잘 싸고 나온나. 내 여서 기다리고 있을게."

"알았다. 알았어. 내 후딱 싸고 올게."

시원하게 일 처리하고 밖으로 나온 친구가 연신 싱글거리며 기다리고 있는 저에게 웃으면서 한마디 했습니다.

"으이구, 독한 놈. 내가 니 땜에 몬 산다. 교회 한번 따라가 줘야 내 살지. 안 가면 진짜 내가 내 명에 못 살지 싶다."

"사랑한데이! 우린 친구 아이가. 친구야!"

이렇게 똥을 품은 친구를 전도했더니 지금은 교회에서 신앙생활 잘하면서 즐겁게 살고 있습니다. 전도에는 시도 때도 없고, 정해진 장소도 따로 없습니다.

전도는 심호흡 몇 번 하고 나서야 할 수 있는 부담스럽고 어려운 일이 아니라는 뜻입니다. 실제로 해보면 전도처럼 재미있는 일도 없습니다. 가히 환상적입니다.

> "항상 기뻐하라 쉬지 말고 기도하라 범사에 감사하라 이것이 그리스도 예수 안에서 너희를 향하신 하나님의 뜻이니라"(살전 5:16-18).

제 삶의 모토가 바로 이것입니다.

"항상 기뻐하자. 쉬지 말고 기도하자. 범사에 감사하자. 하나님이 주신 은혜와 축복과 하나님의 아름다운 성품들을 내 삶 속에서 마음껏 누리며 감사하며 살고, 신나고 행복하고 즐겁게 전도하며 살자."

저에게 전도는 너무나 즐거운 일입니다. 이 즐거움이 양약이 되어 저는 언제나 건강하고 튼튼하고 행복하게 살고 있습니다.

"마음의 즐거움은 양약이라도 심령의 근심은 뼈를 마르게 하느니라"(잠 17:22).

전도하는 교사가
저의 성직입니다

기회는 얼마든지 만들 수 있습니다

어느 날 한 학생이 제게 이런 말을 했습니다.

"무술의 고수는 우산도 강한 무기로 만들 수 있다던데, 병호 쌤은 뭐든지 다 전도의 도구로 만드시는 것 같아요."

글쎄요, 제가 하는 일은 등산, 영화, 축구, 배드민턴 등 뭘 하든지 간에 꼭 전도할 대상자를 한두 명씩 포함시켜 함께 가는 것입니다. 이게 다입니다.

저는 영화를 아주 좋아합니다. 그래서 극장에 자주 가는 편입니다.

단, 공포 영화나 잔인한 장면이 많은 영화, 선정적인 영화나 영적으로 해로운 영화는 절대 사절입니다.

영화를 보러 갈 때 친한 교회 친구들과 가곤 하는데, 적으면 두 명 많으면 대여섯 명이 같이 갑니다. 이때 평소에 전도하고 싶었던 친구들을 한두 명씩 꼭 데리고 가는 것입니다.

"친구야. 영화 보러 가자. 톰 크루즈가 나오는 미션 임파서블(Mission: Impossible) 시리즈가 짱 재밌다더라. 같이 가서 보자!"

물론 그 친구의 영화표는 제가 끊어 놓습니다. 영화를 재미있게 보고 나와서는 그냥 헤어지는 법이 없습니다. 다 같이 밥을 먹으러 가든 커피숍을 가든 어디든 가서 맛있는 것을 먹으며 얘기를 나눕니다.

이제부터는 제 전도 대상자가 교회 친구들과 좋은 분위기에서 자연스럽게 어울리며 친해지는 시간입니다. 친구들을 서로 소개시켜 주는 건 제 몫입니다. 그러고 나면 자기들끼리 영화 얘기며 이런저런 얘기를 나누며 웃고 떠들면서 꽤 친해집니다.

교회 친구들과 제가 전도 대상자에게 교회에 가면 재밌으니 다음에 같이 가자고 협공(挾攻)을 펼칩니다. 예전에는 제가 얘기할 때 "싫어. 교회 안 갈끼다"라고 말했던 녀석이 처음 만난 교회 친구들 앞에서는 "아, 네…. 다음에 꼭 한번 병호랑 갈게요"라고 쉽게 말합니다. 친구들이 마음에 들어서인지 아니면 그냥 내숭인지는 몰라도 열의 아홉은 그렇게 대답합니다. '친구 따라 강남 간다'는 속담처럼 안 믿던 친구도 좋은 교회 친구들을 만나고 나면 스스로 '나도 교회에 한번 가볼까' 하는 마음을 갖게 마련입니다. 이처럼 전도할 때 협력하면 더 힘이 납니다.

설득의 기술을 보면 상대를 설득할 때는 한 명보단 두 명이 낫고, 두 명 보단 세 명이 낫다고 합니다. 그런데 네 명 이상이 되면 위압감을 느껴서 오히려 마음의 문을 닫는다고 하지요.

물론 전도가 절대로 설득은 아닙니다. 하지만 성경에서도 삼겹줄은 쉽게 끊어지지 않는다고 하지 않습니까?

> "한 사람이면 패하겠거니와 두 사람이면 맞설 수 있나니
> 세 겹 줄은 쉽게 끊어지지 아니하느니라"(전 4:12).

믿음으로 협력하면 결코 허물어지지 않을 것 같던 불신의 벽도 허물 수 있습니다. 저는 청년부 공식 회의나 기도 시간이 아니라면 어디든 전도할 친구를 데리고 다니려고 합니다. 그래서 교회 친구들과 축구할 때도, 등산 갈 때도 어김없이 전도 대상자를 데리고 갑니다.

삶이 곧 전도입니다

저는 평소에 커피숍을 즐겨 갑니다. 커피를 특별히 좋아해서가 아니라 성경을 읽거나 신앙서적을 읽기도 하고 수업 준비도 하기 위해서입니다.

저에게 커피숍은 한마디로 나를 채우는 곳입니다. 기도를 하기 위해서는 교회에 가지만 그 외에는 커피숍에서 영적으로 재충전하거나 전화로 상담 또는 전도를 하고, 책도 쓰고 그냥 휴식을 취하기도 합

니다. 커피숍을 좋아하는 이유는 무엇보다도 친구들을 자유롭게 만날 수 있기 때문입니다. 교회 친구들과 전도할 친구를 한두 명씩 꼭 부르곤 합니다. 이제는 교회 친구들이 다 압니다.

'병호가 커피숍에서 만나자고 하는 걸 보니 또 어떤 새가족을 데려오려고 그러나?'

교회 친구들은 제가 늘 새로운 친구들을 만나는 게 신기하다고 합니다. 그러면서 또 무척 즐거워하고 좋아합니다. 새 친구들을 만나서 재미있고 친해져서 좋은데 전도까지 하고 있으니 말입니다.

이처럼 저는 일상생활 속에서 전도를 합니다. 주로 관계 전도이기 때문에 믿지 않는 친구들을 빼놓고는 제 삶을 생각할 수가 없습니다. 교회 생활 외에는 교회에 다니지 않는 친구들을 꼭 만나게 되는데, 그들에게 같이 교회 가자고 꾸준히 말해 주는 것이 제가 줄 수 있는 최고의 선물이라고 확신합니다.

> "이같이 너희 빛이 사람 앞에 비치게 하여 그들로 너희 착
> 한 행실을 보고 하늘에 계신 너희 아버지께 영광을 돌리게
> 하라"(마 5:16).

저는 삶과 전도를 분리시켜 생각해 본 적이 없습니다. 제 삶이 곧 전도니까요. 삶이 전도라고 해서 거창한 뜻이 있는 건 아닙니다. 일상생활에서 할 것 다하면서 전도한다는 뜻입니다.

이것이 저의 세계관이며 직업관이자 가치관입니다.

저는 고등학교 수학 교사입니다. 교사로서 제 삶의 목표는, 우선 아이들한테서 "병호 쌤한테 수업 듣고 나니 수학이 별 거 아니게 쉽고 재미있다. 그래서 자신감이 생겼다"는 말을 듣는 것입니다. 둘째는 애들을 잘 돌보고 바른 인격, 올바른 가치관을 갖도록 도우며 아이들을 품는 것입니다.

결국 이것들을 통해 저는 아이들에게 하나님과 예수님을 알리고 소개시켜서 만나도록 돕습니다.

삶이 전도라는 것은 다른 말로 하면 '직업이 곧 성직(聖職)'이라는 뜻입니다. 제가 배우기로는 목사만 성직이 아니라 마약, 히로뽕 같은 것을 파는 범죄 행위만 아니라면 자신이 하는 일이 성직이라고 했습니다. 일을 통해 하나님께 영광 돌려 드리는 것이 바로 성직입니다.

저에게는 '교사'가 저의 성직입니다.

너무 좋아서
가만히 있을 수가 없습니다

나는 전도 그라운드의 메시랍니다

하나님께서 처음부터 저를 전도의 도구로 사용하실 계획이었다면, 왜 좀 더 지혜롭고 좀 더 잘난 모습으로 만들지 않으셨을까 하고 투정 부리던 때가 있었습니다. 쭉쭉 뻗은 다리와 조각 같은 얼굴과 차분한 성격을 주셨더라면 전도하기가 더 수월했을 텐데…. 전도 대상자에게 살인미소를 지어 보이며 부드러운 목소리로 "나랑 교회 갈래?" 이렇게 한마디만 해도 다들 홀딱 넘어왔을 텐데…. 왜 이렇게 팔다리를 짧게 만드셔서 사방에서 덜렁거리고, 얼굴은 왜 늘 실실 웃는

상으로 만들어 놓으셔서 전도를 하려면 있는 대로 기를 쓰고 해야만 하는지…. 투덜투덜….

> "예수는 지혜와 키가 자라가며 하나님과 사람에게 더욱 사
> 랑스러워 가시더라"(눅 2:52).

저도 하나님과 사람에게 더욱 사랑스러워져 가는 전도의 삶을 살고 싶은데, 키는 왜 자라지 않는지 늘 아쉬웠습니다.

그런데 조금 다르게 생각해 보니 저보다 훨씬 더 잘나고 멋지고 지혜로운 사람도 많은데 왜 저 같이 모자란 게 많은 사람을 쓰시는지 신기하고 감사했습니다. 더 감사한 것은 저의 있는 모습 그대로를 사랑하고 사용해 주신다는 것입니다. 그래서 더 이상 투정하지 않기로 했습니다. '원판 불변의 법칙'이니 어쩔 수 없다가 아니라 완벽하지 않은 저를 통해서 역사하시는 하나님께 감사드리기로 한 것입니다.

학교에서 아이들이 가끔씩 놀리기도 합니다.

"쌤요, 쌤은 다 좋은데요. 왜 그리 키가 작으세요? 키가 얼만데요? 내가 쌤보다 더 큰 거 아이가?"

이제는 저도 유쾌하게 맞받아칩니다.

"와~ 니가 쌤 키 작은 데 보태준 거 있나? 쌤이 너무 완벽하니까 하나님이 키라도 작아야지 교만하지 않다고 이렇게 아담하게 만들어 주신 거 아이가. 그래도 한국에는 내보다 작은 여자들이 90%고 큰 여자들은 10%도 안 될 기다. 내가 지극히 정상이고 나보다 큰 여자들이

비정상인 거야. 거인증 같은 거 아이가. 무슨 말인지 알긋나?"

그리고 또 덧붙입니다.

"하나님이 전도할 때 밑으로 내려다보지 말고 위로 쳐다보면서 겸손하게 섬기면서 전도하라꼬 이리 만드신 거다. 옷가게에서도 키가 넘 큰 사람은 직원으로 안 뽑는다 안 카나? 내는 비밀 병기라 하나님이 기가 막히게 딱 맞게 만드셨데이. 내가 하나님의 걸작품이라꼬. 그라고 요즘 제일 잘나가는 메시랑 내랑 키가 똑같은 거 니 아나? 메시가 나랑 키가 똑같아서 축구를 환상적으로 잘하는 기다. 와? 내가 부럽나?"

하나님의 사랑을 받아들이고 누리면 행복합니다

하나님이 저를 사랑하시는 게 어느 정도인지 아십니까?

> "너의 하나님 여호와가 너의 가운데에 계시니 그는 구원을
> 베푸실 전능자이시라 그가 너로 말미암아 기쁨을 이기지
> 못하시며 너를 잠잠히 사랑하시며 너로 말미암아 즐거이
> 부르며 기뻐하시리라 하리라"(습 3:17).

요즘 젊은이들 말로 좋아 죽을 정도입니다. 왜 저를 좋아 죽을 만큼 사랑하고 아껴 주시는지, 왜 기쁨이라고 여겨 주시는지 저는 합당한 이유를 찾지 못했습니다.

그러나 저를 사랑하신다는 사실을 받아들이고 누리고 싶습니다. 그래

서 말할 수 없을 정도로 행복합니다.

2002년 월드컵 때 우리나라가 16강에 오르자 히딩크 감독이 "I'm still hungry(나는 여전히 배고프다)"라고 말한 것이 아주 유명하지요. 16강으로는 만족할 수 없다는 뜻인데, 저는 어떤 상황에서도 "I'm always full(나는 언제나 배부르다)"입니다. 그러나 그렇게 만족하면서도 늘 하나님을 갈구하곤 합니다. 하나님의 사랑과 은혜와 축복이 제게 가득 담길 뿐만 아니라 차고 넘치도록 담겨서 늘 감사하며 행복하고 기쁘게 하나님과 동행하며 살고 싶습니다.

"당신은 어떻게 그렇게 전도를 잘하세요?" 하고 사람들이 묻습니다. 가장 많이 받는 질문 중의 하나입니다. 질문에 아무리 멋지게 답변하려고 해도 꾸며낼 수는 없는 노릇이라 사실 그대로를 말할 수밖에 없습니다.

"너무 좋아서요. 하나님이 저를 무척 사랑하고 예뻐해 주시는 것이 참으로 감사해서 가만히 있을 수가 없어요. 혼자 받아 누리기가 죄송하고 안타까워요. 그런 마음으로 열심히 전도했더니 하나님이 사람을 더욱더 많이 붙여 주셨습니다."

내 삶의 자리에서
하나님을 높이고 자랑합니다

티보잉 해보셨나요?

여론조사 전문기관인 갤럽이 2011년 미국에서 실시한 '가장 존경받는 남성'을 조사한 결과 티베트 지도자 달라이 라마(Dalai Lama)와 함께 공동 10위에 이름을 올린 운동선수가 있습니다. 이 사람은 부동산 회사인 질로(Zillow)가 실시한 '이웃으로 삼고 싶은 유명인' 조사에서는 1위를 차지했다고 합니다. 포털사이트 야후스포츠(Yahoo Sports)는 그의 등장을 '2011년 스포츠 10대 스캔들'의 하나로 꼽기도 했지요.

바로 미프로미식축구 덴버 브롱코스(Denver Broncos)의 쿼터백, 팀 티보(Tim Tebow)의 이야기입니다. 그는 미식축구계의 선교사로 불립니다. 대학 시절에는 눈 밑에 붙이는 까만색 아이패치에 '요한복음 3:16'이라고 쓰고 다녔고, 아이패치를 금지하는 프로팀에 입단한 뒤에는 극적인 승리를 거둔 순간에 보여 준 한쪽 무릎을 꿇고 한 손을 이마에 댄 채 기도하는 자세로 유명해졌습니다. 그의 기도 세레모니를 '티보잉(Tebowing)'이라고 합니다.

지금은 티보잉이 전 세계인이 즐겁게 따라하는 놀이가 되었습니다. 자레드 클라인슈타인(Jared Kleinstein)이란 팬이 '티보잉닷컴(tebowing.com)'을 개설해서 전 세계 네티즌들의 티보잉 인증샷을 올리고 있습니다. 개설한 지 두 달 반 만에 2만 장의 사진이 올라올 정도로 폭발적인 인기를 끌었다고 합니다.

사람들이 왜 티보잉에 열광할까요? 단순히 그의 기도 자세가 재미있어서일까요? 아닙니다. 그의 삶이 기적과도 같기 때문입니다.

티보는 1987년 필리핀 마카티에서 침례교 선교사 부부의 오남매 중 막내로 태어났습니다. 어머니는 티보를 임신했을 때 바이러스에 감염되었는데 담당 의사가 약물 부작용을 우려해 낙태를 권했다고 합니다. 하지만 종교적 신념에 따라 낙태를 거부했고 그 결과 티보는 의사의 예측을 뒤엎고 건강하게 태어났습니다.

오남매 모두 필리핀에서 홈스쿨링을 했는데 티보는 어릴 때부터 미식축구에 남다른 소질을 보였다고 합니다. 하지만 정규 학교에 다니지 않아 대회에 출전할 수는 없었지요. 그러다가 1996년 플로리다 주에서 홈스쿨 학생도 지역 학교 운동부에 등록해 대회에 출전할 수 있도록 하는 법률이 통과됐다는 소식이 들려왔습니다. 어머니는 티보를 위해 다른 식구들은 필리핀에 남겨 두고 티보와 함께 미국으로 향했습니다.

니스 고교 팀에 들어간 티보는 놀라운 실력을 발휘하며 주요 대학 미식축구팀의 스카우트 1순위로 떠올랐습니다. 홈스쿨에 대한 논란이 있었지만, 대학 2학년 때 홈스쿨 출신 선수로서는 처음으로 미대학미식축구 최우수선수상인 하이즈먼(Heisman) 트로피를 수상했습니다. 그 후에도 그는 플로리다 주립대를 두 차례나 정상에 올려놓았습니다.

티보가 성공을 거두자 앨라배마 주에서도 홈스쿨 학생의 운동팀 참여를 허용하는 법안, 즉 '팀 티보 법'이 2013년 현재 상원 교육위원회에서 승인되어 발인 검토 중에 있습니다.

그러나 그가 프로팀에 입단하자 전문가들은 대부분 그를 '공을 들고 뛰기만 하는 쿼터백'이라고 부르며 말씀이 적힌 아이패치를 붙일 수 없는 프로팀에 올라왔으니 이제 그의 쇼는 끝났다고 비아냥거렸습니다.

요한복음 3:16이 대체 뭐예요?

그래도 티보는 기죽지 않았습니다. 1승 4패의 전적을 기록했던 브롱코스 팀에 들어가 4승 1패의 기록으로 뒤집었습니다. 2011년 10월 원정 경기에서 종료 58초를 남겨 놓고 30야드를 뛰어 터치다운을 성공시킵니다. 극적인 승리를 거둔 후 그는 운동장 한구석에서 처음으로 자신만의 기도 세레모니를 했습니다.

2012년 1월 8일 결승전을 앞두고 우리가 잘 아는 한국계 혼혈 선수 하인즈 워드(Hines Ward)가 속한 최강팀 '피츠버그 스틸러스(Pittsburgh Steelers)'와 3쿼터, 23대 23 동점인 상황에서 연장전이 치러졌습니다. 그날따라 평소에 전문가들이 약하다고 지적했던 '패싱(passing)'으로 터치다운을 성공시켜 마침내 역전승을 거뒀습니다.

흥미로운 것은 요한복음 3:16 아이패치로 유명했던 팀 티보가 그날 경기에서 만들어 낸 기록들이 모두 숫자 3:16과 관련이 있다는 사실입니다. 그가 기록한 10개 패스의 총 길이가 316야드, 패스 하나당 31.6야드. 게다가 그날 경기 시청률이 31.6%였습니다.

각 언론에서 이것을 기사로 다루자 그날 하루에 구글 사이트에서 '요한복음 3:16'을 검색한 사람이 무려 9,300만 명에 이르렀고 검색 횟수는 1억 2000만 건을 넘어 최고 기록을 세웠습니다. 사람들은 경기 결과보다도 팀 티보의 '요한복음 3:16'이 도대체 뭔지 더 궁금해 했습니다.

> "하나님이 세상을 이처럼 사랑하사 독생자를 주셨으니 이는 그를 믿는 자마다 멸망하지 않고 영생을 얻게 하려 하심이라"(요 3:16).

그의 믿음의 행적을 보고 수군거렸던 사람들도 그날 이후로 살아 계신 하나님을 확신하게 되었습니다. 세상은 주님의 큰 사랑을 자랑하지 않을 수 없었던 팀 티보를 비웃었지만 그는 예수님의 말씀으로 결국 세상에 거룩한 바람을 일으켰던 것입니다.

2012년 초에 한국에도 팀 티보의 바람이 불어서 그의 동영상 〈하나님을 자랑하라〉를 보지 않은 교회가 없을 정도였지요. 저는 지금도 그 동영상을 시간 날 때마다 한 번씩 보곤 합니다. 얼마나 많이 봤던지 이제는 거의 외울 정도가 되었습니다. 그래도 볼 때마다 심장이 뜁니다. 그리스도인으로서 어떻게 살아야 할지 모범 답안을 보여 주는 것 같거든요.

팀 티보 한 사람으로 인해 요한복음 3:16이 1억 번이 넘게 검색되다니…. 성경을 잘 모르는 사람들도 요한복음 3:16 만큼은 잘 알게 되었을 것입니다. 그중에는 구석에 처박아 놓았던 성경책을 다시 펼쳐 본 사람도 있었을 테고, 그러다가 예수님과의 첫사랑의 기억을 떠올린 사람도 있겠지요. 예수님을 전혀 몰랐던 사람이 교회 다니는 친구에게 자기도 교회에 가보고 싶다고 말하는 일도 있었을 것입니다.

전도는 하나님을 마음껏 자랑하는 것입니다

티보는 수많은 사람의 가슴에 뜨거운 감동을 주었고 열정이 불타오르게 했으며 도전을 주었습니다. 그가 한 일은 할 수 있을 때에 마음껏 예수님을 자랑하는 것이었습니다.

저는 이것이 바로 전도라고 생각합니다. 팀 티보처럼 자기 삶의 자리에서 하나님을 자랑하여 높이는 것이 바로 전도라는 거죠.

"너희는 여호와께 감사하며 그의 이름을 불러 아뢰며 그가 행하신 일을 만민 중에 알릴지어다"(대상 16:8).

"그의 성호를 자랑하라 여호와를 구하는 자마다 마음이 즐거울지로다"(대상 16:10).

팀 티보는 운동선수로서 자신의 자리에서 최고로 지혜롭고 용기 있는 태도로 전도 활동을 하고 있는 것입니다.

전도를 너무 어렵게, 무겁게만 생각하지 않았으면 좋겠습니다. 좋아하는 가수가 생기면 친구들에게 자랑하고 그의 노래를 한번 들어 보라고 소개하듯이 하나님과 예수님이 좋은 만큼 자랑하면 되는 것입니다.

"내가 만난 예수님이 얼마나 좋은지 너도 알았으면 좋겠다. 나랑 같이 교회 가자."

이렇게 소개하면 됩니다.

팀 티보는 어린이들을 만나면 늘 이렇게 이야기해 준다고 합니다.

"경기는 마지막까지 승부를 알 수 없어. 모든 것이 점점 더 힘들어 진단다. 하지만 끝까지 가야 해. 어떤 사람들은 도중에 멈추고, 그만 두고, 더 천천히 가기 시작할 거야. 그러나 계속해서 전진하면 처음보다 더 강해질 거고 마침내 성공을 거머쥐게 되는 거야. 결국엔 그런 사람들이 다른 이들의 삶에 큰 영향을 끼치는 위대한 인물이 된단다. 인생에서 마무리를 멋지게 짓는 것이 얼마나 중요한지 몰라. 너 자신을 위해, 세상을 위해, 다른 사람들을 위해, 너를 창조하신 하나님을 위해 그렇게 살렴."

팀 티보처럼 저도 제 삶의 자리에서 하나님과 예수님을 자랑하고 싶습니다. 하나님의 기쁨 덩어리가 되어 행동으로 전도하는 사람, 하나님을 위해 끝까지 가는 사람이 되고 싶습니다.

Chapter 2

전도, 이렇게 하니까
잘 되던데요

. . . .

하나님께 붙어 있어야 삽니다

똥파리는 부산에서 울산까지 저 혼자 못 갑니다. 그런데 제 차에 올라탄 똥파리는 한겨울에도 따뜻한 히터 바람을 쐬며 서울까지 갈 수 있습니다. 똥파리가 날갯짓해서 스스로 탈출하지만 않는다면 말입니다. 비바람, 태풍이 몰려와도 무서울 것이 없습니다.

그렇습니다. 붙어 있어야 삽니다. 어쨌거나 붙어 있어야 어디든 갈 수 있고 무엇이든 할 수 있지요. 아무리 하찮은 똥파리라도 차 안에만 있으면 어디든지 갈 수 있듯이 저도 하나님께 붙어 있을 때 전도할 수 있습니다.

"나는 포도나무요 너희는 가지라 그가 내 안에, 내가 그 안

에 거하면 사람이 열매를 많이 맺나니 나를 떠나서는 너희
가 아무것도 할 수 없음이라"(요 15:5).

저는 스스로 자랄 수도 클 수도 없는 가지입니다. 그래서 빈대처럼,
캥거루 새끼처럼 하나님께 딱 달라붙어 있으려고 합니다. 그렇게 해
야 전도할 수 있으니까요.

전도는 하는 게 아니라 되는 게 맞는 것 같습니다. 전적으로 제가
한 것이 아니라 하나님께 붙어 있음으로 해서 가능했던 전도에 대해
서 이야기를 나누려고 합니다.

우선순위를 세우고
순종하세요

    시간, 공간, 물질의 제약을 받는 이상 삶의 우선순위를 정할 수밖에 없습니다. 하루에도 수많은 일을 처리해야 하니까요. 가장 효율적인 방법은 중요하면서 긴급한 일을 1순위로 하고, 중요하지만 긴급하지는 않은 일을 2순위, 긴급하지만 중요하지 않는 일을 3순위로 두는 것이라고 합니다. 4순위는 말할 것도 없이 중요하지도 긴급하지도 않는 일이겠지요. 시간 관리를 잘 못하는 사람들이 눈앞에 닥친 긴급한 일들을 처리하느라 급급하다고 합니다.

    돌이켜보니 저도 그랬던 것 같습니다. 하루 종일 정말 열심히 산 것 같은데 돌아보면 도대체 무얼 했는지 알 수가 없어서 후회스러웠던 적이 많습니다.

그래서 저는 몇 년 전부터 딱 하루를 산다고 가정하고 우선순위를 세운 다음 그에 따라 행동하기 시작했습니다. 그날 하루 제게 가장 중요하고 긴급했던 1순위의 일이 무엇이었는지 꼭 되짚어 봅니다.

또 50년 계획까지 세웠습니다. 워낙 장기 계획이라 기도하고 감동이 오면 그때마다 수정하곤 합니다.

하루를 살든 50년을 살든 제 인생의 1순위는 복음 전도입니다. 아무리 생각하고 또 생각해 봐도 하늘나라 갈 때까지는 이 땅에서 영혼을 살리는 일보다 더 가치 있고 보람된 일은 없는 것 같습니다. 아니 정말로 없다고 확신합니다.

1순위가 분명하니까 좋은 점이 많습니다. 우선 삶이 참 단순해집니다. 영혼을 구하는 일을 최우선으로 생각하니 나머지는 별로 신경 쓸 일이 없고, 의사 결정을 할 때도 복잡하게 생각하지 않고도 답이 간단하게 나옵니다. 삶이 버겁지 않고 가벼워졌습니다.

반면에 삶의 질은 높아지고 인생을 멀리 내다볼 여유가 생기고 더 행복해진 것 같습니다. 지금 있는 곳에서 최선을 다하는 기쁨을 누리는 동시에 천국에 소망을 둘 줄 알게 되었습니다.

저는 우리 반 아이들에게 심부름을 시킬 때 그 순간의 표정과 눈빛만 봐도, 대답하는 태도를 보고 목소리 톤만 들어도 그 아이가 심부름할 자세가 되어 있는지 금방 알아차립니다. 시켜도 안 하는 아이, 대답만 해놓고 안 하는 아이, 시키니까 마지못해 하는 아이가 있는가 하면 선생님이 자기를 믿고 시키는 것에 감사해 하고 열심히 하는 아이도 있습니다. 그런 아이는 눈에 쏙 들어옵니다. 너무 기특하고 고마워서 남학생이면 머리를 마구 쓰다듬다가 확 안아 주기도 합니다.

저도 학생들에게 이런 마음인데 하물며 하나님은 오죽하시겠습니까? 그래서일까요. 전도를 1순위로 두니 참 신기하게도 필요할 때마다 사람을 붙여 주시는 은혜를 입습니다.

제 삶의 1순위를 복음 전도에 둔 이상 제가 할 일은 이거 하나밖에는 없습니다.

순종.

전지전능하신 하나님이 제가 얼마나 어리바리하고 모자란 녀석인지 모르실 리가 없지요. 다 아십니다. 알아도 너~무 잘 알고 계십니다. 그런데도 우선순위 하나 잘 세운 덕분에 저를 들어 사용하시지 않습니까? 그러니 제가 할 일은 순종뿐입니다.

전도 타임을
따로 정하세요

　저는 매일 저녁 황금시간대, 즉 퇴근 이후 7~10시 사이에 보통 삼십 분에서 한 시간 정도를 '전도 타임'으로 사용하고 있습니다. 좀 더 길어질 때도 있지만…, 절대 놓치기 싫은 시간입니다.

　삶 자체가 전도라고 여기고 살아서 그런지 감사하게도 하나님께서 붙여 주시는 영혼들을 만날 기회가 하루 종일 있습니다. 제가 몸담고 있는 브니엘예고는 그야말로 황금어장이죠. 그래서 이 일이 얼마나 행복하고 감사한지 모릅니다. 학교에 있는 동안에는 하나님께서 맡겨 주신 순수한 아이들에게 집중하고, 저녁에는 친구들이나 친척들,

주변 사람들에게 눈을 돌립니다.

전도 타임이라는 습관을 언제부터 가졌냐고요? 예수님을 믿게 된 때부터 자연스럽게 갖게 된 것 같습니다. 고등학교 때 매일 첫 번째 야자(야간 자율 학습) 시간에는 정해 놓고 수학 공부를 하곤 했거든요. 꾸준히 규칙적으로 해서 그런지 성적이 잘 나왔습니다. 시간을 정해 놓고 꾸준히 하는 것은 참 효율적인 좋은 습관이라는 것을 알게 되었지요.

예수님을 믿게 된 다음부터는 제 삶의 우선순위가 바뀌니 매일 수학 공부를 했던 것처럼 자연스럽게 저녁 야자 시간마다 전도 타임을 갖게 된 것입니다. 대학교 때부터는 제 삶에 습관으로 완전히 자리를 잡은 것 같습니다.

> "철이 철을 날카롭게 하는 것같이 사람이 그의 친구의 얼굴을 빛나게 하느니라"(잠 27:17).

제가 전도 타임을 어떻게 보내는지 궁금하시죠? 지난 번 책에서 언급했던 것처럼 저는 전도 대상자를 A, B, C 세 그룹으로 분류하고 A그룹부터 기도하면서 전도하기 시작합니다.

이건 어딜 가나 꼭 알려드리는 제 비법인데, 자신의 휴대전화 주소록에서 아직 교회에 다니지 않고 있는 지인들의 이름을 약 오십 명 정도만 추려 보세요. 그런 다음 비교적 교회에 마음이 열려 있는 사람을 왼쪽에, 그렇지 못한 사람은 오른쪽에 나눠서 일렬로 쭉 내려 적습니다. 맨 위부터 번호를 매기세요. 그러고는 1~10번까지를 A그룹,

11~40번까지를 B그룹, 41~50번까지를 C그룹으로 분류해 적습니다.

그렇게 하고 요일마다 돌아가면서 전도 대상자들을 만나는 겁니다. 예를 들어, 월요일 전도 타임 때는 A그룹의 1~3번 친구들에게 연락을 한 번씩 해보고, 1번 친구랑 만나서 농구 게임을 한 판 합니다. 화요일에는 4~6번 친구들에게 안부를 묻는 연락을 하고 어제 통화했던 2번 친구랑 만나서 커피 한 잔을 마십니다. 수요일에는 7~10번 친구들에게 연락하고 월요일에 연락했던 3번 친구랑 만나서 쇼핑을 하든지 배드민턴을 치든지 함께 시간을 보냅니다.

웬만하면 짧은 시간이라도 전도할 친구들을 만나려고 노력합니다.

전도지존에게 묻고
도움을 청하세요

　사람을 만난다고 해서 전도가 되는 건 아닙니다. 기도가 없이는 이루어지지 않습니다. "기도 외에 다른 것으로는 이런 종류가 나갈 수 없느니라"(막 9:29)고 하신 주님의 말씀처럼 하나님의 일은 기도가 다인 것 같습니다.

　진짜 기도 외에 다른 것으로 되는 일은 단 한 가지도 없었습니다. 전도하기 전에 기도하면 하나님이 전도할 친구들의 마음을 만져 주시고 상황까지도 만들어 주셨습니다.

　그래서 저는 하나님이 어떤 방법으로 사람을 보내 주시고 어떻게 붙여 주실지 기대하면서 기도합니다. 저는 "하나님, 다윗과 요셉과 다니엘처럼 사람들을 모으고 동역자들을 모을 수 있는 능력과 그들을 변화시킬 수 있는 능력을 주십시오"라는 기도를 항상 빼놓지 않고 드립니다.

"너는 내게 부르짖으라 내가 네게 응답하겠고 네가 알지 못하는 크고 은밀한 일을 네게 보이리라"(렘 33:3).

특별히 새벽 기도 때는 대부분의 시간을 전도할 친구들의 얼굴을 하나하나 떠올리며 기도합니다.

"아버지, 하나님! 제 친구 아시죠? 걔가 요즘 몸이 안 좋대요. 얼마나 아픈지 얼굴이 반쪽이 되었어요. 하나님, 얼른 낫게 해주세요. 몸이 낫는 것처럼 교회에 갈 마음도 생기게 해주세요. 그 친구가 교회에 나오게 해주세요. 교회에 친한 친구들이 많으니까 어렵지 않게 정착할 수 있을 것 같습니다. 지금 그 친구의 상황이 어려운데 불쌍히 여겨 주세요. 주님, 간절히 구합니다. 그 친구와 함께 감사함으로 기쁘게 찬양하는 모습을 마음속으로 그려 봅니다. 그런 날이 속히 올 줄 믿습니다. 도와주시고 보살펴 주세요."

전도할 친구의 문제를 두고 간절하게 기도하기도 하지만 어떤 때는 전도 전략을 하나님께 구체적으로 묻기도 합니다.

"하나님, 아무개는 요즘 너무 잘나가서 문제랍니다. 어떻게 하면 좋을까요? 기회가 있을 때마다 교회 가자고 해도 마음 문을 좀처럼 열지 않네요. 그 친구는 영화를 좋아하니까 교회 친구들과 함께 영화 보러 가자고 해볼까요? 그리고 다 같이 즐거운 시간을 가져 볼까요? 맞아요, 철수랑 영희랑 같이 가면 괜찮은 조합이겠네요! 아니면 단풍이 한창 물들었으니 길동이랑 춘향이랑 같이 콧바람 좀 쐬게 드라이브하자고 할까요?

음…, 단풍 구경이 낫겠다! 그렇죠, 하나님? 그날 날씨랑 교통편이랑 하나님이 다 최고로 해주세요! 아버지를 믿습니다. 헤헤.”

커피숍에서 하나님과 마주 앉아 있을 때가 많습니다. 아빠 하나님께 한껏 애교를 부리며 이렇게 하면 좋을지 저렇게 하면 좋을지 묻거나 그것도 아니면 진짜 모르겠으니 가르쳐 달라고 조르기도 합니다.

하나님이야말로 전도 999단이시잖아요. 아이들 말로 하자면 ‘전도대왕’, ‘전도지존’, ‘킹 오브 킹즈’이십니다. 그러니 누구에게 도움을 청하겠습니까? 당연히 하나님 아버지께 묻고 도움을 청합니다. 저는 이게 기도라고 생각합니다.

하나님의 자녀가 다른 일도 아니고 영혼을 살리는 일을 하겠다는데 안 도와주실 리가 만무하잖아요. 전 세계에 흩어져 있는 하나님의 백성의 기도를 다 들어주시느라 바쁘고 정신이 없을지라도 제가 드리는 기도는 제일 먼저 응답해 주시고 가장 좋은 것으로 채워 주실 것이라고 철석같이 믿고 있습니다. 물론 전능하신 하나님이 바빠서 기도를 못 들어주실 일이 없지만요.

혼자 걸뱅이가
되지 말고 함께하세요

새벽 기도회에 갔다가 친구들과 공원에 갔습니다. 은혜를 듬뿍 받았는데 아침까지 맛있게 먹고 나니 배도 부르고 슬슬 졸음이 왔습니다. 근처에 벤치가 있어서 걸터앉아 쉬었지요. 더 나른해지더군요. 이번에는 아예 드러누웠습니다.

그랬더니 바로 친구들이 낄낄대면서 한 소리씩 해댔습니다.

"야, 병호야! 니 부끄럽꼬로 왜 거기 눕노?"

"찌질해 보인다. 니 그지가? 눕지 마라!"

누운 채로 맞받아쳤습니다.

"피곤해서 누웠는데. 뭐 어쩌라고! 저기 봐라. 쟤네들도 누워 있네!"

그랬더니 친구들이 질세라 또 한 마디씩 잔소리를 퍼부었습니다.

"저기는 혼자가 아니잖아. 하나는 누웠고 또 하나는 앉았고!"

"누웠어도 같이 있으니 보기가 좋지만은…, 니는 혼자 누워 있으니 좀 그렇다."

"야가 걸뱅이도 아이고. 쯧쯧."

그때 깨달았습니다.

'아, 혼자보다 '함께'가 낫구나!'

벤치에 혼자 누워 있으면 처량한 걸뱅이 취급 받지만 한 명이라도 같이 있으면 보기 좋다고 합니다.

제게는 큰 깨달음이었습니다. 혼자 전도할 때도 있지만 믿음의 친구들과 같이 할 때가 더 많습니다. "한 사람이면 패하겠거니와 두 사람이면 맞설 수 있나니 세 겹 줄은 쉽게 끊어지지 아니하느니라"(전 4:12)고 하신 말씀을 따라 함께 전도하는 것입니다.

점심이든 저녁이든 전도하고 싶은 친구를 한 명이나 두 명 초대해서 같이 밥을 먹습니다. 그때 교회 친구나 동역자를 한 명 더 부릅니다. 서로 모르는 사람들끼리 만나는 것이지만 제가 이쪽저쪽을 다 알고 있으니 괜찮습니다. 제가 중간에서 다리 역할을 조금만 하면 금세 다들 친해지곤 합니다. 그동안 저의 교회 자랑이 끊이지 않습니다.

"교회 가면 재밌데이. 억수로 재밌데이. 맛있는 거 많이 사주는 좋은 형들도 많지. 천사같이 착한데 예쁘기까지 한 누나들도 많제. 우리 조장 형아, 참 사람 좋아서 힘든 일 다 도와주고 그란다. 친구야 맞제? 그제?"

그러면 교회 친구가 밥풀을 튀겨 가면서 맞장구를 쳐줍니다.

"맞다. 맞다. 진짜 그란데이."

맞은편에 앉은 전도 대상자인 친구가 "그런갑다" 하고 고개를 끄덕입니다. 적절한 타이밍에 맞장구쳐 주는 교회 친구 덕분에 분위기가 훨씬 부드러워집니다.

물론 모든 교회 친구들이 다 이렇게 센스 있는 것은 아닙니다. 가끔 아주 가끔씩 먹는 데만 정신이 팔려서 제가 무슨 얘기를 해도 모르는 친구가 있습니다. 배가 고파도 너~무 고파서 그랬겠지만 제 속에서는 뭔가가 부글부글합니다. 뒤통수를 확 때리면서 한 마디 해주고 싶어집니다.

"이 자식아, 고만 묵으라. 쫌! 니 여기 왜 왔노? 짜식, 니 가뿌라."

하지만 실제로 그렇게 해본 적은 없습니다. 대부분은 눈치껏 맞장구쳐 주면서 제 역할을 다해 주니까요. 호응만 잘 해줘도 전도에 엄청난 기여를 하는 것입니다.

정말 전도하고 싶은 친구가 있는데 혼자 하기가 힘드신가요? 그렇다면 믿음의 동역자가 되는 친구들과 함께 합심해서 기도하고 같이 한번 해보세요. 같이 밥 먹고 영화 보고 농구 하고 볼링 치고 하면서 전도할 수 있습니다. 돌고래들은 협공을 통해 손쉽게 먹이를 잡는다고 합니다. 우리는 협력하여 잃어버린 영혼들을 주님 품으로 기분 좋게 인도할 수 있습니다.

따로 떼어 놓아도
부요해지는 법을 배우세요

대학생 시절에는 집안 형편상 아르바이트를 쉴 없이 해야 했습니다. 월요일부터 금요일, 매일 오후 6시부터 밤 11시까지 개인과 그룹에게 과외 공부를 시키거나 학원에서 수학과 영어를 가르쳤습니다. 용돈은 스스로 벌어서 쓰는 걸 당연하게 여겼고, 학비를 보태고 부모님께 생활비까지 드려야 직성이 풀렸습니다. 때로는 하기 싫을 때도 있었지만 그렇게 해야 제 마음이 편했으니까요. 대학생이 된 것만 해도 감사했습니다.

새벽 기도회 중에 갑자기 정필도 목사님의 말씀이 생각났습니다.

"다윗은 하나님 마음에 합한 자라 인정받았는데 정말 하나님이 사랑하시는 자였다. 어떻게 하면 주님의 기쁨이 될까 하는 생각만 했으니 하나님이 예뻐하시지 않을 수가 없었다."

저도 어떻게 하면 다윗처럼 하나님을 기쁘시게 할 수 있을까 하고 생각한 끝에 한 가지 결심을 했습니다.

'어차피 죽는 날까지, 이 땅에 사는 동안에는 복음 전하는 삶을 살겠다고 했으니 전도 십일조를 드려야겠다. 적어도 수입의 십분의 일을 따로 떼어 전도하는 데 쓰는 거야.'

그래서 봉투를 가져다가 '병호의 전도를 위한 헌금'이라고 적고 아르바이트로 번 돈에서 전도 십일조를 따로 모으기 시작했습니다.

"'네 보물 있는 그 곳에는 네 마음도 있느니라'(마 6:21)라고 말씀하신 주님, 지금은 비록 십분의 일부터 시작하지만 나중에는 십분의 이, 십분의 삼을 드릴 수 있도록 도와주십시오. 계속 늘려 갈 수 있게 도와주세요."

하나님이 제 기도를 매우 기뻐하신다는 게 느껴졌습니다. 따로 모은 전도 십일조로 전도할 친구들에게 밥을 사거나 생일을 챙겨 주었습니다. 그 친구들이 교회에 오면 맛있는 것을 사주곤 했지요. 제가 번 것을 친구들의 영혼을 살리는 일에 쓴다는 것 자체가 무척 기뻤습니다.

대학생 때 결심한 이후 지금까지 그 기쁨을 계속 누려 오고 있습니다. 그 덕분에 이제는 제 자신을 위해 쓰는 돈은 거의 없습니다.

저도 학교에서는 여느 선생님들처럼 슬리퍼 신고 다닙니다. 고등학생 때는 선생님들이 왜 구두 대신에 슬리퍼를 신고 다니시는지 이해할 수 없었는데 지금은 100% 이해합니다. 발이 편해야 마음껏 가르칠 수 있으니까요.

서 있는 시간이 워낙 많다 보니 슬리퍼가 쉽게 해져서 수시로 구둣방에 가서 밑창을 기웁니다. 이젠 바닥이 거의 다 해졌지만 그래도 신는 데 별 불편함이 없습니다.

하도 수선을 자주 맡기니까 구둣방 사장님이 물으셨습니다.

"무슨 특별한 사연이 있는 슬리퍼입니꺼?"

"네? 아뇨. 그건 아닌데…, 그냥 정이 들어서요."

저는 양복 외에는 10만 원 이상 주고 옷을 사 본 적이 거의 없습니다. 5만 원이 넘는 옷도 별로 없습니다. 옷에는 별 관심이 없을뿐더러 뭣보다도 돈 쓰기가 아깝습니다. 그렇다고 추레하게 다니지는 않습니다. 남들이 볼 땐 어떨지 모르겠지만 스스로 생각하기에는 깔끔하고 단정하게 입는 편입니다. 그런데 선교사님과 미자립교회 목사님들을 생각하면 드려도 드려도 모자란 것 같은 생각이 듭니다. 하나도 아깝지가 않습니다. 오히려 더 못 드려서 죄송한 마음이 들뿐이지요.

처음 믿을 때부터 따로 떼어 드리는 즐거움을 알았던 건 아닌 것 같습니다. 대학교 때 전도 십일조를 결심하고 실천에 옮긴 후부터 알게 된 기쁨이요 즐거움입니다. 솔직히 처음에는 통닭이 먹고 싶고, 피자가 먹고 싶어서 열심히 전도했던 게 사실입니다. 제 형편이 그리 넉넉하지 않았기 때문입니다. 전도라도 해야지, 전도할 친구에게 피자를 사주는 김에 저도 같이 먹을 수 있었으니까요. 그래서 피자 생각이 나면 '전도해야지'라는 생각이 자연스럽게 들었습니다. 전도하면서 먹는 피자가 세상에서 가장 맛있습니다.

"하나님, 전도도 하고 피자도 먹게 해주셔서 감사합니다. 제가 맛있게 먹어야 이 친구들도 맛있게 먹을 수 있잖아요. 꼽사리 껴서 맛있게 먹을게요!"

감사 기도가 저절로 나왔습니다.

> "주라 그리하면 너희에게 줄 것이니 곧 후히 되어 누르고
> 흔들어 넘치도록 하여 너희에게 안겨 주리라 너희가 헤아
> 리는 그 헤아림으로 너희도 헤아림을 도로 받을 것이니라"
>
> (눅 6:38).

꼭 십분의 일이 아니더라도 기도하며 기쁜 마음으로 얼마를 작정하고 나면 전도할 때 드는 경제적인 부담을 덜 수 있습니다. 게다가 체계적으로 전도 전략을 세우고 틈틈이 물질을 어떻게 쓸지 계획할 수도 있습니다.

'따로 떼어 놓기.'

이것이 바로 저의 노하우입니다. 여러분도 한번 해보세요. 기도한 후에 다만 얼마라도 기쁜 마음으로 작정하고 따로 떼어 전도하는 데에 써보세요. 궁핍해지기는커녕 하나님이 놀라운 방법으로 채워 주시는 것을 경험하게 될 것입니다. 틀림없이!

용기를 내어
사랑스러워지세요

"아들아. 네 나이 서른셋에 명색이 학교 선생님인데 이런 니 모습을 애들이 알면 어떻겠노? 완전 놀래서 뒤집어지겠지?"

부모님은 제가 아직도 철없어 보인다고 농담 반 걱정 반으로 종종 잔소리를 하십니다. 그렇습니다. 서른을 넘겼는데도 아직도 부모님께 걱정을 들을 만큼 부족합니다. 혼자 있을 때 모습이 진짜 모습이고 인격이라고 하던데 참 부끄럽습니다.

그러나 그럼에도 불구하고 선한 영향력을 끼치는 사람이 될 수 있도록 늘 몸부림치며 살고 있습니다. 쓰러질 때도 있지만 아버지 책상

위에 놓여 있는 오뚝이처럼 벌떡 일어나 회개하고 다시 시작하곤 합니다.

"지혜와 키가 자라가며 하나님과 사람에게 더욱 사랑스러워 가시더라"(눅 2:52)는 예수님을 묵상하고 마음에 새기며 반성하기도 합니다. 예수님이 그러셨듯이 저도 지혜가 자라 그리스도의 향기가 되어 주위 사람들에게 선한 영향력을 끼치며 사랑스러워져야 할 텐데요.

사랑스러워져 가고 인정받는다는 건 분명 쉬운 일이 아닙니다. 하지만 기도하고 노력하면 하나님이 해주십니다. 작지만 용기를 내고 힘을 내면 뒤에서 잘한다고 손뼉 쳐주고 밀어 주시는 분이 바로 우리 아버지 하나님이십니다. 부족한 제가 사람들로부터 많은 사랑을 받을 수 있게 해주셨습니다.

"병호야, 우리 엄마한테 니 이름만 대면 무사통과데이."

"진짜가? 그런데 그게 무슨 말인데?"

"엄마가 특별한 일 없음 밖에 나다니지 말고 일찍 집에 들어오라고 하시는데, 병호 니랑 같이 있다고 하면 그냥 '웅, 아라따. 조심해서 들어온나' 이 말 밖엔 안 하신다. 그러니 무사통과가 아니고 뭐꼬?"

"맞나? 진짜 감사하데이. 나를 그렇게 믿어 주시나?"

"니랑 같이 있음 술 담배 절대 안 하고 교회에 가 있든 운동을 하든 안심할 수 있는 곳에 있는 거니까 그냥 믿어 주신단다. 그래서 솔직히 종종 니 이름 좀 판다."

"뭐라꼬? 내 이름을 판다고?"

"하도 그라시니까, 집에 좀 늦게 들어가게 될 땐 병호 니랑 같이 있다꼬 한 번씩 써먹는다 아이가. 히히."

"하하하. 야, 인마야. 왜 그랬노? 이미 한 거야 어쩔 수 없지만 앞으론 그라지 마래이. 그럼, 니도 내도 어머님께 신뢰가 떨어져서 나중에 진짜 결정적인 순간에 안 믿어 주시면 우짤라고. 알겠제?"

"알긋다. 약속할게."

친구 어머님 중에 '병호 따라 교회 댕기면 좋은 거 많이 배우고 좋은 친구 많이 사귄다'고 믿어 주시는 분들이 있습니다. 그렇게 절 믿어 주시는 분들께 진심으로 감사드립니다.

학부모님들 중에도 제가 교회 다니는 걸 알고 자녀에게 "너도 쌤 따라 교회 다니라"고 말씀하시는 분들이 꽤 많습니다. 참 감사하고 고마운 일입니다.

이 세상에서 완벽한 사람은 없는 것 같습니다. 저 또한 완벽하지 않습니다. 그렇지만 예수님처럼 하나님과 사람들에게 사랑스러워지도록 끊임없이 노력합니다. 하나님이 이 노력을 보시고 제 삶에 풍성한 열매가 맺히도록 축복해 주시는 줄 믿습니다.

'교회 가자'를
'사랑한다'로 듣게 만드세요

저는 "○○야, 나랑 교회 한번 가보자. 억수로 재밌고 좋아"라는 말을 입에 달고 삽니다. 친구들이 "뭣이 그리 재밌고 좋아? 너는 교회 가는 게 그렇게 즐겁냐?" 하고 반신반의하는 표정으로 물으면 저는 더 신이 나서 눈을 반짝이며 말합니다.

"아, 참나! 진짜 재밌고 좋대두. 내 소원은 우리나라 통일하고 너랑 같이 교회 한번 가보는 거 두 가지다. 알긋나?"

함박웃음을 지으며 애교 섞인 말투로 말하면 친구들도 따라 웃습니다.

안드레가 베드로에게, 예수님이 빌립에게, 빌립이 나다나엘에게 그리고 사마리아 우물가의 여인이 동네 사람들에게 "와 보라"고 했던 것처럼 저도 친구들에게 "교회에 한번 가보자!" 하고 말하는 것입니다.

직접적으로 복음을 전하고 예수님을 영접하게끔 해주는 것이 참 중요하고 좋지만, 복음의 'ㅂ'만 들어도 부담스럽게 생각하는 친구들도 있습니다. 그런 친구들에게는 무심한 듯 그냥 "나랑 교회 한번 가보자"라고 하는 게 더 낫습니다. 어차피 교회에 발을 들여놓으면 복음을 듣게 될 테고, 교회에서 복음을 듣는 것이 더 생생할 것이기 때문입니다.

평소에 친구들을 잘 챙기고 친절을 베풀어 준 덕분에 친구들은 제 말이라면 호의적으로 듣습니다. 그래도 저는 웬만하면 부탁을 잘 하지 않습니다. 부탁하거나 도움을 청할 일이 없는 건 아니지만 오직 한 가지 부탁을 하기 위해서 꾹 참습니다. "나랑 같이 교회 한번 가자"는 한 가지 부탁을 위해서라면 다른 것들은 얼마든지 참고 견딜 수 있습니다. 이렇게 아끼고 아꼈다가 딱 한 가지 부탁만 하기 때문에 친구들 대부분이 거의 무조건 들어주는 편입니다.

교회 가자는 말이 왜 '부탁'이냐고 하실 수도 있습니다. 예, 맞습니다. 전도를 받으면 예수님을 만나고 영생을 얻는 건데 굳이 부탁이라고 할 필요는 없지요.

하지만 교회를 안 다니는 친구들 입장에서 보면 주일에 시간을 내서 교회에 간다는 것은 꽤 큰 결단이 필요한 일입니다. 그 친구에게는 주일이 유일하게 늦잠 자며 쉬는 날일 수도 있고, 사람들과 만나는 약속으로 꽉 찬 하루일 수도 있습니다. 간혹 교회에 대한 안 좋은 기억이 있는 친구도 있습니다.

그런 친구들이 제 얘기를 듣고 시간을 내서 교회에 오겠다고 한다면 저는 무조건 고맙습니다. 그 친구 입장에서는 귀한 시간을 내놓는 것이라는 걸 알기 때문입니다.

그래서 저는 미리 고마운 마음으로 친구들에게 부탁하는 것입니다. 제가 줄 수 있는 최고로 사랑스러운 눈빛을 주면서 말입니다. 제가 아주 사랑하지만 예수님을 아직 모르는 친구들에게 교회 가자고 말할 때가 가장 기쁩니다. 제가 살아 있음을 느끼기 때문입니다.

제 전도를 받고 교회에 나오게 된 친구들이 하나같이 하는 말이 있습니다. 교회 가자는 말을 처음 들었을 때는 자기와 전혀 상관없는 얘기라 '절대로 교회 갈 일은 없다'고 생각했다고 합니다. 그런데 자꾸 듣다 보니 '이거 한번쯤은 가줘야 하는 거 아냐? 병호가 이렇게 가자고 하는데…. 한번 가볼까, 말까?' 하고 생각이 바뀌더랍니다. 그러다가 마침내 '그래 병호가 이렇게까지 얘기하는데, 그냥 한번 가벼운 마음으로 따라 가보지, 뭐'라고까지 바뀐다고 합니다.

"병호, 니가 교회 가자고 하면 은근히 부담되긴 하는데 그리 싫지는 않다. 오히려 니가 그 말 안 하면 뭔가 아쉽고 서운하다."

"병호, 니는 니가 좋아하는 사람, 잘 챙겨 주고 싶은 사람한테는 교회 가자는 말을 꼭 하는 거 내 다 안다 아이가. 교회 가자는 말 좀 빼고, 그냥 잘해 주기만 하면 더 없이 좋겠구만. 히히히. 그러면 뭐하겠노? 병호 니가 그 말을 안 할 아이가 절대 아니니까 내 기대도 안 한다."

친구들로부터 자주 듣는 말입니다.

　그렇습니다. 저는 제 온 마음, 진심과 사랑과 간절한 바람을 담아서 교회 한번 가보자고 말합니다. 모르는 사람이 들으면 '그냥 한번 툭 던지는 말을 잘도 한다'고 생각할지 몰라도 저는 결코 툭 던지는 게 아닙니다. 저한테 있어서 "교회 한번 가보자"라는 말은 "친구야, 내가 너를 정말로 사랑하거든. 그러니까 네가 꼭 교회 가서 예수님을 만났으면 좋겠다"는 말이기 때문입니다. 예수님을 믿지 않는 친구들에게 주는 최고의 사랑 표현인 것입니다.

인사만 잘해도
마음을 얻을 수 있어요

사람들을 만나면 언제나 먼저 웃으면서 반갑게 인사를 건네다 보니까 한번은 우리 학교 학생한테서 기절초풍할 얘기를 들었습니다.

"선생님. 쌤은요… 개 같아요!"

"뭐, 뭐라꼬? 개 같다꼬? 니 지금 내한테 개 같다고 했나? 아, 뒷골 땡겨. 이놈의 짜슥이!"

"아흐흐흐. 쌤요, 내 표현이 심했나요? 죄송해요. 욕 아니라예. 좋은 말이에요. 칭찬이요 칭찬!"

"야가 뭐라카노? 개 같다는 게 그게 뭐가 좋은 말이고?"

"그게 아니구요. 선생님이 하도 반갑게 인사하며 반겨 주시니까 우리 집 강아지가 생각나서요. 저만 보면 꼬리 치며 반겨 주거든요. 누가 나를 그렇게 반겨 줘요? 쌤, 기분 나쁘셨다면 진짜 죄송한데요. 그래도 쌤이 그러시는 거 그게 사랑 표현이라는 건 알아요."

"헐~ 그런 기가? 니네 집 강아지가 생각난다꼬? 내가… 그러니까 니네 집 강아지? 이 짜식이!"

뒷골이 당기는 얘기였지만 장난스럽게 꿀밤 한 대 쥐어박으며 훈훈하게 마무리했습니다. 듣기에 조금 찜찜한 표현이긴 해도 강아지 같다는 말이 썩 기분 나쁘진 않았습니다. 좋아하는 사람을 만나면 가장 먼저 달려와 꼬리치며 기뻐서 뱅글뱅글 도는 강아지 같다는 말이잖아요. 제 마음이 정말 그렇거든요. 저와 관계 맺는 사람들이 너무나 소중하고 고맙고 사랑스럽습니다. 그래서 만나면 그렇게 반가울 수가 없어요. 물론 상대방도 저와 마찬가지로 밝은 미소로 저를 반겨 줍니다. 제가 나중에 천국 가면 분명히 하나님이 두 팔을 쫙 벌리고 저를 반갑게 맞아 주실 겁니다.

반가운 인사 뒤에는 꼭 이 말을 덧붙입니다.

"안녕, 잘 지내지? 이번 주말에 뭐해? 특별히 안 바쁘면 내랑 같이 교회 한번 가자."

여기까지 해야 인사가 끝난 것입니다.

인사만 잘해도 좋은 점이 많습니다. 특히 인사 뒤에 교회 가자는 말을 덧붙이면 이런 게 좋습니다. 우선, 첫째는 친구들에게 자연스럽게 교회를 소개하고 알릴 수 있습니다. 저한테서 교회 가자는 말을 한

번 듣고 두 번 듣다 보면 '언젠가 한번은 교회에 가봐야겠다'는 생각이 들고, 그 다음에는 자연히 '교회를 간다면 병호를 따라가야겠다'는 생각이 든다고 합니다.

둘째, 반갑게 인사한 뒤에 덧붙이는 말이라 친구들이 거부감 없이 듣습니다. 교회 가자는 말까지를 반가운 인사로 받아들이는 거죠. 가볍게 흘려듣기도 하지만 고개를 끄덕이며 "알았어. 다음에 너 따라 교회 한번 가볼게" 하고 반갑게 대답해 주곤 합니다.

셋째, 친구들의 반응을 보고 그가 어느 그룹에 속하는지 파악할 수 있다는 것입니다. 앞서 이야기했듯이 저는 전도 대상자를 A, B, C 세 그룹으로 나누어서 기도하는데, 어느 정도 호의적으로 반응하면 A그룹, 좋아하지도 싫어하지도 않고 뜨뜻미지근한 표정을 지으면 B그룹 그리고 눈을 동그랗게 뜨며 "싫어. 난 교회 안 갈 거야" 하고 또박또박 말하며 거부감을 드러내면 C그룹으로 분류하면 됩니다. 교회에 대해 얼마나 마음이 열려 있는지 한눈에 알 수 있는 아주 좋은 방법입니다.

늘 이렇게 인사하다가 한번은 무슨 일로 바빴는지 저도 모르게 교회 가자는 말을 그만 빠뜨렸었나 봅니다. 그랬더니 친구가 먼저 얘기해 주더군요.

"어, 병호야. 오늘은 니 나보고 교회 가자는 말 왜 안 해? 사랑이 식었어? 병호 니… 교회 가자는 말 안 한 거 보니 나 포기한 거야? 그런 거야? 안 돼! 나 포기하면 안 돼. 니 나 위해 기도 더 해주고 앞으로도 계속 잘해 줘야지. 너만큼 나 챙겨 주는 사람도 없단 말이야. 아… 알았제?"

그 친구의 말이 재미있기도 하고 듣자니 행복하기도 했습니다. 물론 이렇게 말해 주는 친구는 곧 교회에 나오게 되어 있습니다.

이야기를 잘 들어주는
친구가 되세요

교회에 대해 반감을 가지고 있는 사람들이 하는 얘기를 들어 보면 공통점이 있습니다.

"교회 다니는 사람들은 말이 너무 많아. 자기들 말만 옳다고 어찌나 떠들어 대는지…. 남에게 자기 사상을 주입시키려고 애쓰는 게 나는 싫다."

이런 말을 들을 때마다 무척 마음이 아픕니다.

기계적인 주입을 좋아하는 사람은 아무도 없습니다. 요즘은 학교에서조차 주입식 교육보다는 쌍방향 소통을 중요시하고 있습니다.

친구들과 함께 있으면 저도 모르게 국민 MC 유재석처럼 사회를 보는 '진행병'이 있습니다. 일부러 그러는 건 아닌데 항상 보면 자연스럽게 대화를 주도하고 있습니다.

그렇다고 제 말만 많이 하는 것은 아닙니다. 친구들의 말을 잘 들어주는 것이 말하는 것보다 훨씬 어려운 일이지만 그만큼 효과가 크다는 것을 압니다. 경청에는 정말로 엄청난 힘이 있습니다. 들어만 줘도 친구의 고민이 90% 이상 해결될 정도입니다.

제게 예수님을 소개해 주신 이정화 목사님을 만나면 저는 어린 아기가 됩니다. 목사님이 제게는 은사이자 영적인 스승이요 영적인 어머니이시기 때문에 목사님 앞에만 서면 저는 완전히 무장해제가 되어 모든 걸 다 털어놓습니다. 말은 제가 더 많이 쏟아 내지만 대화를 주도하는 건 목사님이십니다. 늘 좋은 말씀과 필요한 조언을 해주셔서 감사하지만 뭣보다도 감사한 것은 목사님이 제 말에 공감해 주며 제 편이 되어 주신다는 사실입니다. 그게 가장 큰 힘과 위로가 됩니다.

제가 얘기를 늘어놓는 동안 목사님은 고개를 끄덕이며 주로 세 마디만 하십니다.

"아."

"어, 그렇구나."

"아쿠, 그랬어? 잘했어."

이 세 마디가 저는 왜 그리 좋은지 모르겠습니다. 짧은 대답이지만 긴 이야기가 들어 있는 것만 같습니다.

"그래, 병호야. 니 말이 맞다. 많이 힘들었제. 그래, 내 다 안다. 조금만 더 참고 견뎌라. 하나님이 다 해결해 주실 기야. 하나님의 섭리 안에 있다 아이가. 하나님이 병호 널 보고 참 기뻐하시겠다."

저도 친구들을 만나면 국민 MC 유재석처럼, 이정화 목사님처럼 이야기를 잘 들어주고 공감하는 사람이 되려고 노력합니다.

다른 사람의 이야기를 잘 들어주십시오. 진심을 다해 들어주세요. 듣는 게 말하는 것보다 3배는 더 힘든 것 같습니다. 그래도 10배가 넘는 어마어마한 결과를 낳거든요.

인내심을 갖고 이야기를 다 들어주세요. 다 들어주고 나서 끝에 예수님 이야기를 짧게 들려주고 함께 교회에 가자고 해보세요. 마음 문이 활짝 열리는 날이 올 것입니다. 친구가 망설임 없이 "그래, 너 따라 교회에 한 번 가보자" 하는 말을 듣게 될 테니까요.

예의바름으로
자신 있게 기뻐하세요

복음을 전할 때는 언제나 당당합니다. 만약에 제 자랑이라면 별로 내세울 것이 없으니 금세 꼬리를 내리고 풀이 죽겠지만 살아계신 예수님을 자랑하는 것이기 때문에 항상 담대하고 당당할 수 있습니다. 이런 자신감이 매우 중요합니다.

그런데 친구에게 교회 가자고 말하고 있는데 옆에서 다른 친구가 초를 치는 경우가 가끔 있습니다.

"이상한 교회도 많다던데."

"교회 가보니까 무섭더만."

"교회 다닌다고 다 착한 거 아니더라."

"가봤자 별 재미없어."

"시간만 뺏기지. 뭐가 좋노? 내는 잘 모르겠던데."

이런 친구들 앞에서는 절대로 물러서는 법이 없습니다. 그렇다고 다투거나 싸우지도 않습니다.

주의하십시오. 절대로 전투적이 되어서는 안 됩니다. 따지는 대신에 오히려 부드럽게 말해야 합니다.

"맞나? 니 교회 가봤는데 재미없었다고? 그런데 우짜제, 우리 교회는 재밌다. 한번 가볼래?"

"맞다. 니 말처럼 교회 다닌다고 다 착한 사람들만 있는 거 아니다. 좀 이상한 사람도 있지만, 좋은 사람이 훨씬 더 많다. 안타깝네. 진짜 좋은 사람은 못 만나 봤나? 내가 소개해 줄게. 진짜 나 한번만 믿고 와봐라. 내는 거짓말 안 한다."

이렇게 부드러운 음성으로 차분하게 말하는 것이 좋습니다. 복음을 전하다가 성을 내거나 싸울 필요는 없습니다.

제가 아는 지식 중에 가장 자랑할 만한 것이 예수님을 아는 것이고, 제가 가진 것 중에 가장 자랑할 만한 것이 복음이니 절대로 쫄거나 기죽을 일이 없습니다. 결코, 전혀, 절대로!

예수님이 계셔서 복음이 있어서 교회가 있어서 저는 당당할 수 있습니다. 항상 밝게 웃을 수 있습니다.

친구들이 종종 제게 말합니다.

"병호야, 니를 보면 참 행복해 보인다."

"니는 뭐가 그리 좋아서 항상 웃고 다니노?"

성령의 아홉 가지 열매를 아십니까? 사랑, 희락, 화평, 오래 참음, 자비, 양선, 충성, 온유 그리고 절제. 그중에서 첫 번째 사랑 다음으로 나오는 것이 바로 희락, 즉 기쁨입니다.

예수님을 제대로 알고 믿는 사람이라면 마음속에 기쁨이 없을 수가 없습니다. 없다면 그거야말로 거짓말입니다. 물론 예수님을 따르려면 자기 십자가를 짊어져야 합니다. 그러나 그 십자가로 인해 기뻐합니다.

저는 예수님으로 인해 기쁘고 즐겁습니다. 친구들은 그런 제 모습을 보고 '예수님 믿는 병호는 다르구나'라는 생각을 한다고 합니다.

> "나는 여호와로 말미암아 즐거워하며 나의 구원의 하나님
> 으로 말미암아 기뻐하리로다"(합 3:18).

하박국 선지자의 고백처럼 기쁨이 제 삶에 흘러넘치기를 바랍니다. 교회 가자는 사람이 세상일에 찌들어 만날 인상 찌푸리고 다닌다면 누가 저를 따라 교회에 나오겠습니까? 항상 웃으며 행복한 모습을 보여 주고 싶습니다. 실제로도 행복하고요.

모든 그리스도인이 마음껏 기뻐하고 웃으며 살았으면 좋겠습니다. 웃으면 복이 온다는 옛말이 틀린 말이 아닙니다. 예수님으로 인해 마음껏 기뻐하고 웃으면서 살면, 다른 사람에게 교회 가자는 말을 건넬 때 행복 바이러스가 전파되거든요. 마음

의 문을 활짝 열게 만들 것입니다.

또 한 가지 중요한 것은 복음을 전할 때는 최대한 예의를 갖춰야 한다는 것입니다. 절대로 복음을 부끄러워 할 필요는 없지만 그렇다고 일방적으로 강요해서도 안 됩니다. "예수님을 믿지 않다니. 네 생각이 틀렸어"라고 말하는 대신에 이렇게 말해 보세요.

"알았어. 너는 그렇게 생각하는구나. 그러면 내가 배운 걸 아는 대로 얘기해 볼 테니까 한번 들어볼래?"

작은 차이라도 상대방은 민감하게 반응합니다. 예의를 갖춰서 진심으로 대하면 '이 친구가 내가 하는 말을 존중해 주는구나. 나도 이 친구의 말을 들어 봐야겠다' 하는 마음이 생기는 법입니다.

믿지 않던 친구가 교회에 오기로 결정하는 것은 절대 설득에 의해서가 아닙니다. 마음이 움직였기 때문입니다. 감동입니다. 감동을 받아서 고마운 마음에 교회에 오는 것입니다. 마음을 움직이는 것은 논리도 아니고 이성도 아니고 감성입니다. 이성과 논리로 가득 찬 과학자라도 예의 바른 태도에서 감동을 느낀다면 마음이 움직이지 않을까요?

믿지 않는 사람들을 존중하는 자세로 전도해 보세요. 친구가 먼저 알고 마음 문을 열 것입니다. 꼭 그렇게 되길 두 손 모아 기도합니다.

빵빵한 풍선 하나만큼의
거리를 유지하세요

"나와 너 사이에 풍선 한 개가 있다."

사람들과 교제할 때 적절한 거리를 유지하라는 뜻에서 제가 자주 쓰는 말입니다. 그러니까 상대방과의 사이에 빵빵하게 바람이 든 풍선을 끼워 두고 땅에 떨어뜨리지도 않고 터지지도 않게 거리를 잘 유지하라는 뜻입니다.

전도를 하기 위해서 잘 대해 주고 친절을 베푸는 것은 좋지만 지나치게 접근하면 오히려 일을 그르칠 수 있습니다. 상대방이 부담감을 느끼고 더 멀리 도망갈 수도 있거든요. 아직 받아들일 마음의 준비가 안 되었는데 지나치게 밀어 붙였다는 뜻입니다. 풍선이 빵 하고 터졌다는 것입니다.

풍선이 터졌다면 어떻게 해야 할까요? 다시 새로운 풍선을 가져다가 바람을 불어 넣어야지요. 그 사람과 관계를 회복하기 위해 노력하고 공을 들이며 풍선이 빵빵하게 될 때까지 열심히 불어야 합니다.

무엇이든지 지나치면 좋을 게 없습니다. 과유불급(過猶不及), 과식(過食), 과속(過速)…. 좋은 말이 없지 않습니까? 기다릴 줄 알고 적절한 선을 유지할 줄 아는 사람이 프로입니다.

풍선이 땅에 떨어지는 경우도 있습니다. 친구에게 무심하게 굴어서, 즉 관심과 사랑을 주지 않아서 멀어지는 경우입니다. 친구가 옆에 있을 때 진작 잘 해줄 걸 하고 후회됩니다.

하지만 괜찮습니다. 늦다고 생각할 때가 가장 빠른 때이니까요. 위기(危機)란 위험한 기회라고 하지 않습니까? 사이가 멀어져서 어색해지고 서먹해진 친구가 있나요? 괜찮습니다. 지금부터 기도하고 하나님께 도움을 청한 뒤에 전화를 걸거나 문자나 카톡(카카오 톡)으로 연락해 보세요. 다시 시작하면 됩니다. 하나님이 반드시 도와주실 것입니다.

하나 기억해 두어야 할 것은, 사람마다 풍선의 크기가 다 다르다는 것입니다. 즉 가까이 다가갈 수 있는 거리가 각기 다릅니다. 진심으로 잘 챙겨 주고 맛있는 것도 사주며 최선을 다했지만 저의 친절과 섬김을 당연시하는 친구들이 있습니다. 그래도 서운해 할 것 없이 그냥 기다리면 됩니다. 언젠가는 하나님께서 그 친구의 마음을 열어 주실 테니까요. 반대로 별로 잘 해준 것도 없고 기껏해야 축구하다가 넘어진 걸 보고 얼른 달려가 일으켜 세우며 엉덩이에 묻은 흙먼지 털어 준 것밖에 없는데도 마음 문을 활짝 여는 친구가 있습니다. 그러니 상대에 맞게 거리를 적절하게 유지하세요.

이것 하나만 잊지 않으면 됩니다.

"사람과 사람 사이에는 빵빵한 풍선이 하나씩 있는데 터지지 않게 또 땅에 떨어지지 않게 거리를 잘 유지할 것!"

늘 한결같은 마음으로 챙기고 기도하고 관심을 가져 주세요. 마음 문을 쉽게 열지 못한다고 미워하거나 서운해 하지 마세요. 좋으신 하나님 아버지가 다 책임져 주십니다.

관계가 관계를
낳게 만드세요

성경에 "사람이 무엇으로 심든지 그대로 거두리라"(갈 6:7)라는 말씀이 있습니다. 이것은 하나님의 법칙입니다. 콩을 심으면 콩이 나고 팥을 심으면 팥이 나듯이 많이 심으면 많이 거두고 적게 심으면 적게 거둡니다.

그래서 저는 하나님께 더욱 감사를 드립니다. 만약에 심는 대로 거둔다는 법칙을 만들지 않으셨다면, 실컷 놀다가 어느 한 순간에 반짝 잘돼서 평생 열심히 살아온 사람을 추월하고 역전하는 일이 많을 텐데 얼마나 억울하겠습니까? 저는 질서의 하나님이 참 고맙고 좋습니다.

고기를 많이 잡으려면 고기가 있을 법한 곳에 그물을 내려야 합니다. 그곳이 어디입니까? 바로 저와 관계를 맺고 있는 주변 사람들입니다. 더 쉽게 말하자면 제 휴대전화에 연락처가 저장되어 있는 친구들입니다.

지금 제 휴대전화에는 4,000명을 훌쩍 넘어 거의 5,000명에 가까운 사람들의 연락처가 저장되어 있습니다. 이름이 같은 사람들이 꽤 많아서 헷갈리지 않고 까먹지 않기 위해서 메모장에 언제 만났는지, 외모와 특징이 무엇인지, 나이와 사는 곳이 어디인지를 꼼꼼하게 기록해 두었습니다. 유치원서부터 대학교까지, 군대에서부터 직장까지 만났던 친구와 선후배와 동료들 그리고 신앙생활 하면서 만난 수많은 교회 지체들과 목사님, 전도사님, 간사님들, 마지막으로 우리 학교 학생들과 학부모님들이 모두 제 휴대전화 안에 들어 있습니다. 모두가 저와 인연을 맺고 있는 소중한 분들입니다. 이들 중에 아직도 예수님을 믿지 않고 있는 분들이 바로 전도 대상자가 되는 것입니다.

그런데 연락처는 계속해서 늘어나기만 합니다. 기존 친구들의 친구들이나 가족들이 바로 제 다음 전도 대상자가 되기 때문입니다.

시간과 공간의 한계가 있는데 생판 모르는 사람을 어디서 만나서 사귀겠습니까? 바로 친구라는 네트워크를 통해 새로운 친구들을 만나는 것이지요. 친구를 만나기로 했는데 낯선 사람이 같이 나오는 경우가 있습니다. 자연스럽게 인사를 나누고 얘기하면서 친해지면 새로운 친구가 됩니다. 자기 친구를 제게 소개시켜 주며 기뻐하는 친구가 참 고맙습니다. 별로 해준 것도 없는데 저를 믿어 주고 좋아해 줘서 고마울 따름입니다. 역시 진심은 통하는구나 하는 생각에 가슴 뭉클해지고 그저 감사 기도밖에 나오지 않습니다.

친구의 친구들을 사귀기란 그리 어려운 일이 아닙니다. 아니, 쉽습니다. 마음의 문을 조금만 열고 이야기를 하다 보면 금방 가까워집니다. 제 친구의 친구인데 그 관계가 어디 가겠습니까? 공통분모가 많으니 금세 유대감이 생기고 호감을 갖는 좋은 사이가 됩니다.

전도 대상자를 찾으십니까? 제발 붙여 달라고 기도하고 계시나요? 우선 여러분의 휴대전화를 열어서 그동안 연락이 뜸했던 친구들, 평소에 보고 싶었던 친구들에게 연락해 보세요. 친구의 친구를 만날 기회가 생길 수 있습니다. 새로운 친구들을 만날 기회는 충분히 많습니다. 어렵지 않아요. 지금 당장 시도해 보시길 바랍니다.

지금까지 저는 전도 대상자를 10명 정도 작정하면 3~4명 정도가 교회에 왔고, 20명을 작정하면 6~7명이 왔고, 30명 정도 작정하면 10명 내외가 교회에 나왔습니다. 많이 품을수록 그만큼의 능력을 부어주시고 제 자신이 더 부지런해지는 것을 느낄 수 있었습니다. 꿈을 크게 꾸면 그만큼 경험하는 은혜도 커집니다.

복음을 위해 부지런히 달리세요

엊그제 제 1600cc 차가 12만km를 찍었습니다. 구입한 지 3년이 조금 넘었는데, 계산해 보니 하루 평균 100km를 달렸다는 뜻입니다. 그동안 타이어와 브레이크 라이닝을 몇 번 교체했고 오디오는 한 번 새 것으로 갈았고 얼마 전에는 엔진도 갈았습니다. 여기저기 흠이 많이 났고 시트도 조금씩 벗겨지기 시작했습니다. 엔진오일은 얼마나 많이 갈았는지 횟수를 기억하지 못할 정도입니다. 고맙고 무척 정든 차입니다.

어느 시골 목사님이 폐차 직전의 승합차를 80만 원에, 그것도 8개월 할부로 사셨습니다. 깨끗하게 수리한 후에 코흘리개 둘을 교회로 모시기 위해 내달리셨습니다. 그 모습을 옆에서 지켜본 한 대학생이 있었습니다. 그는 앞으로 자동차를 사게 되면 그 낡은 승합차처럼 복음을 위해 달리는 차로 사용하겠다고 결심했습니다. 그 대학생이 바로 저, 최병호입니다.

제게는 그 승합차가 세상 어떤 차보다도 아름다워 보였습니다. 꼬맹이 둘을 모시러 달리는 모습이 제게는 어떤 감동적인 영화나 책보다 더 오래 기억될 명장면이었고 아름다운 추억입니다.

저는 그때 마음에 품었던 대로 제 차를 복음을 위해 내놓았습니다. 12만km의 반은 집에서 제가 출석하고 있는 수영로교회까지 20km 거리를 거의 매일 새벽에 달린 것이고, 나머지 반은 우리 학교 아이들을 전도하고 모시고 다니느라 달린 것입니다.

학생들에게 교회 가자고 하면 선생님이 데리러 와 준다면야 흔쾌히 오겠다고들 합니다. 그래서 "너네 집이 어딘데 그라노?" 하고 물으면 "울산이요, 양산이요, 창원이요, 장유요" 하는 것입니다. 저희 집에서 울산까지 70km, 양산은 30km, 창원은 60km, 장유는 50km 거리입니다. 아이들은 그 먼 거리를 선생님이 데리러 올 리가 없다고 생각하고 쉽게 내뱉은 것입니다.

그런데 저는 진짜 달려갑니다. 웃으면서 기쁜 마음으로 콧노래를 부르며 달립니다. 한 영혼이 천하보다 귀하다는데 그까짓 거리가 조금 먼 게 무슨 대수입니까? 대학생 시절에 봤던 명장면처럼 저도 찬양을 부르며 아이들을 태우러 가는 것입니다.

감사하게도 저는 운전이 재미있습니다. 지루하지 않습니다. 물론 오래 달리면 피곤하긴 해도 즐겁게 운전합니다. 그렇다고 운전의 달인은 아닙니다. 그저 아이들을 태우러 가는 길이 즐겁고 감사하고 행복합니다.

학교에서 드리는 11시 고등부 예배를 위해서 9시쯤 집을 출발하여 울산에 가서 한 명 태우고 오는 길에 양산에서 한 명 태우고, 학교 근처인 구서동 지하철역에서 아이들을 태워서 교회에 오면 10시 45분쯤 됩니다. 창원까지 한 명 태우고 장유에 들러 또 한 명 태우고 수영에 들러 다리에 깁스한 아이를 태워서 오면 11시가 거의 다 되기도 합니다.

제 차에는 4명밖에 태우지 못하는 관계로 나머지 아이들은 구서동 지하철역까지 버스나 지하철을 타고 와서 학교까지는 택시를 타고 오라고 합니다. 그러면 차비는 제가 줍니다. 창원에 사는 아이가 늦잠을 자거나 울산으로 아이를 데리러 가야 해서 제가 창원에 가지 못하면 아이들은 알아서 좌석 버스를 타고 오는데 왕복 11,400원이 듭니다. 그 차비도 물론 제가 줍니다. 아이들 용돈이 한 주에 등하교 때 쓰는 차비를 빼고 나면 보통 2만 원 정도이니 버스비를 내기에는 부담스러울 것 같아서 제가 기쁜 마음으로 줍니다. 다 태워 오고 싶어도 할 수 없는데, 어떻게든 알아서 와주니 고맙고 예쁠 뿐입니다.

모든 학생에게 다 그러는 것은 아닙니다. 웬만하면 각자 집에서 가까운 교회를 다닐 수 있도록 근처에 사는 교회 친구들을 소개시켜 줍니다. 그러나 완전 초신자이거나 제가 안 챙기면 교회에 안 갈 게 빤

한 아이들은 아무리 멀어도 데리러 다닙니다. 아이들은 제가 데리러 오는 걸 은근히 좋아합니다. 몇 번 그렇게 하다 보면 나중에는 자기들이 알아서 오거나 부모님께 교회까지 태워 달라고 부탁하기도 합니다. 부모님까지 전도할 수 있는 좋은 기회가 생기는 것입니다.

가끔은 제 차가 저희 교회에 강사로 오시는 분을 위해 의전 차량으로 변신하기도 합니다. 값비싼 외제차도 아니고 고급 중형차도 아니지만 안팎을 깨끗하게 세차한 후에 공항이나 기차역으로 모시러 가곤 합니다.

제 차가 이렇게 아름답게 거룩하게 쓰이는 것이 무척 감사하고 행복합니다. 이것이 제가 차를 산 목적이니까요. 여러분도 복음을 위해 달리는 차를 한번 몰아 보지 않으시겠습니까? 하나님이 진짜 기뻐하실 것입니다.

가장 하기 힘들다는
아버지 전도, 포기하지 마세요

설이나 추석 명절을 맞아 시골에 내려가는 날은 우리 아버지가 말씀을 듣는 날입니다. 아직 예수님을 믿지 않으시는 아버지를 위해 철저히 준비해야 합니다. 이름 하여 '아버지의 본 어게인(Born Again) 시간'입니다. 아버지를 위한 부흥회, 아버지가 거듭나시는 시간인 것입니다.

저희 고향은 경남 고성입니다. 할아버지 할머니 두 분은 돌아가셨고 인자하신 큰아버님만 시골에서 홀로 살고 계십니다. 시골에 갈 때면 당연히 운전은 제가 하고 조수석에는 어머니, 뒷좌석에 아버지가 타십니다. 평소에 안전 제일주의이신 아버지답게 운전할 때는 오로지 운전에만 집중하라고 하십니다. 덕분에 아무 말도 하지 않고 조용히 가야 합니다.

그래서 생각해 낸 것이 가는 동안 말씀 테이프를 틀어 드리는 것입니다. 아직 교회에 다니지 않고 예수님을 인격적으로 만나시지 못한 아버지를 위해 복음과 구원, 예수님의 십자가를 주제로 한 설교를 모아서 CD로 여러 장 구워 놓았는데 바로 이때 그것들을 들려 드리는 것입니다.

> "그러므로 믿음은 들음에서 나며 들음은 그리스도의 말씀
> 으로 말미암았느니라"(롬 10:17).

믿음은 들음에서 나기 때문에 아버지가 말씀을 많이 들으셔서 예수님을 만나고 믿음이 생길 수 있기를 기대하고 해드립니다.

그래서 시골에 다녀오는 길에 차가 아무리 많이 막혀도 감사하기만 합니다. 아버지가 말씀을 들을 시간이 더 길어지기 때문입니다. 또 감사하게도 아버지가 차 안에서 흘러나오는 설교 말씀을 꽤 집중해서 들으시는 것 같습니다. 참 신기할 정도입니다.

"어, 아들아. 이 말씀은 작년 설엔가 한번 들었던 말씀 같다."

"네, 그런가요? 아버지, 다른 거 틀어 드릴까요? 아니면 한 번 더 들으실래요?"

아들보다 기억력이 훨씬 더 좋은 아버지이십니다.

고등학교 때는 제가 교회에 다닌다고 눈물을 흘리며 하루에 3시간 씩 한 달 동안 저를 때리셨던 아버지이십니다. 전국에 있는 온 친척들을 집으로 불러서 그 앞에서 저를 혼내셨던 아버지, 어머니와 누나들에게 저와는 말 한 마디도 하지 말라고 핍박하셨던 아버지가 이 정도로 변하셨습니다.

그런 변화를 허락하신 하나님께 감사해서 눈물이 흐릅니다. 이제는 아버지가 당신 스스로 죄인임을 고백하고 마음으로 예수님을 진짜 구주로, 주인으로 모실 날이 얼마 남지 않았다는 생각에 눈물이 하염없이 흐르곤 합니다.

2012년 추석 때는 아버지께 진짜 놀랄만한 이야기를 들었습니다. 아버지가 예수님 사진 앞에서 두 손을 모으고 기도하신다는 것입니다. 그렇게 기도드린 지 6개월이 넘었다고 하셨습니다. 그런데 더 충격적인 사건은 따로 있었습니다. 매우 독특한 기도를 드리셨거든요. 아버지가 드리셨다는 기도는 이렇습니다.

"예수님, 저는 최병호의 아버지 최용갑이라고 합니다. 다름이 아니오라 우리 아들 최병호를 기억해 주시고… 이 모든 기도를 우리 아들 최병호의 이름으로 기도 드립니다."

기도의 시작부터 웃음이 터졌는데 마무리에서는 숨을 쉬지 못할 정도로 때굴때굴 구르며 웃었습니다. 어머니와 한참을 웃다가 아버지께 바로 알려드려야겠기에 말씀을 드렸습니다.

"아이구, 아부지. 마지막에 제 이름을 말하면 안 되세요. '예수님의 이름으로' 기도하셔야 해요. 거기에 제 이름을 넣어 봤자 아무 소용

없어요. 누가 들으면 제가 사이비 교주인 줄 알겠어요. 하하하."

"웅, 그라믄 안 된다꼬? 예수님이 니를 얼마나 사랑하시는데, 와 니 이름으로 기도하면 하나님이 안 들어 주시나?"

"아버지. 미국 갈 때 미국 대사관에서 비자 받아야 갈 수 있잖아요. 제가 스스로 비자 못 만들잖아요. 예수님의 이름으로 기도해야 하나님께 전달되는 거예요. 아시겠지요?"

"아, 글나? 그라믄 '우리 아들 최병호의 이름과 예수 그리스도의 이름으로 기도 드립니다' 하면 되겠네. 이렇게 할게."

"아이고, 아빠요! 예수님이랑 내랑 동급이 아니에요. 그라면 안 됩니다. 편지 쓰고 우표를 붙여야 편지가 전달되듯이 예수님의 이름으로 기도 드립니다 해야 기도가 하나님께 전달되고 하나님이 다 들어주십니다. 예수님의 이름이 하늘나라 가는 우표예요. 아셨죠? 아부지."

"아, 그래! 그럼 이제부터 예수님 이름으로 기도 드립니다 할게."

옆에서 듣고 계시던 어머니가 한마디 거드셨습니다.

"마지막에 점을 잘 찍어야제. 화룡점정(畫龍點睛)! 여보, 마지막에 '아멘'이라고 해야 마침표를 찍는 거예요. 뜻이 뭐냐면 하나님 아버지께서 이제까지 드린 기도를 다 들어주실 줄 믿는다는 거예요. 그니까 꼭 아멘하세요 아시겠죠?"

아버지의 기도 덕분에 한바탕 웃음꽃이 피었습니다. 아직까지 아버지는 주일 성수를 하시는 온전한 크리스천이 아닙니다. 예수님과 하나님을 믿는다고는 하시지만 오랫동안 믿어 왔던 불교를 버리지 못하고 계시기 때문입니다.

그러나 머지않아 부모님과 제가 다 같이 예배당에 앉아서 하나님께 온 맘을 다해 예배 드릴 날이 올 것이라고 믿고 기쁨과 소망을 안고 기도하고 있습니다.

시한부 인생처럼
지금 최선을 다하세요

앞으로 살날이 3개월밖에 남지 않았다면 당신은 어떻게 하시겠어요?

세계 여행에 구미가 당기지만 이 땅과는 비교가 안 될 아름다운 천국이 기다리고 있기 때문에 그것보다는 전도에 올인하고 싶습니다. 가까운 사람들 중에서 예수님을 안 믿는 사람들부터 시작해서 차례차례 전도하고 싶습니다. 절박한 심정으로 말입니다.

언젠가 수영로교회 원로 목사이신 정필도 목사님께서 3개월 시한부 인생처럼 살라고 말씀하신 적이 있습니다. 그렇게 생각하면 하나님이 기뻐하시는 일을 하게 될 것이라고 말입니다.

"범사에 기한이 있고 천하 만사가 다 때가 있나니 날 때가
있고 죽을 때가 있으며 심을 때가 있고 심은 것을 뽑을 때
가 있으며"(전 3:1-2).

  목사님 말씀처럼 매일매일 3개월 시한부 인생처럼 값지게 살려고
노력합니다. 하나님이 가장 기뻐하시는 일을 하면서요. 지금 제가 처
한 환경과 상황 속에서 최선을 다해 지혜롭게 살고 싶습니다.
  어느 할머니의 전도법을 듣고 큰 감동을 받은 적이 있습니다. 몸이
불편하신 할머니가 아르바이트생을 구했습니다. 할머니께 한 시간씩
성경을 읽어 드리는 일이었습니다. 대학생들의 지원이 몰렸는데, 할
머니께 성경을 읽어 드리다가 자기가 은혜를 받아서 전도가 저절로
되었다고 합니다. 할머니의 지혜에 감탄이 절로 나옵니다. 몸져누운
상태에서도 전도를 할 수 있다니, 놀랍기만 합니다. 전도의 열정이 가
득하고 지혜가 충만한 할머니를 본받아서 열정적으로 살고 싶습니다.

"지혜는 그 얻은 자에게 생명나무라 지혜를 가진 자는 복
되도다"(잠 3:18).

"의인의 열매는 생명나무라 지혜로운 자는 사람을 얻느니
라"(잠 11:30).

전도는 양육까지!

주일날 보여야 할 지체가 안 보이면 비상사태입니다!

응급 환자가 발생한 것입니다. 그 즉시 기도하고 행동하십시오.

타이밍을 놓치지 마십시오. 타이밍을 놓치면 위급한 환자가

목숨을 잃듯이 천하보다 귀한 한 영혼을 놓칠 수 있습니다.

하나님이 맡겨 주신 귀한 영혼들을 한 명이라도 잃으면 안 됩니다.

그래야 이다음에 하나님 아버지께 "참, 잘하였다. 착하고

충성된 내 아들아" 하시는 말씀을 들을 것 아닙니까?

대한민국 교회의 모든 리더님들 파이팅!

PART 2

열혈청년의
Hot 양육 노하우 전수

Chapter 1

새가족
정착법

....

콘서트에 오신 것을 환영합니다

전도만큼 중요한 것이 정착입니다. 교회에 잘 정착해야 양육받을 수 있고, 양육을 받아야 은혜를 배우고 믿음 위에 굳게 설 수 있기 때문입니다. 우여곡절 끝에 교회에 왔어도 정착이 쉽게 이루어지지는 않습니다. 어떤 지혜가 필요하고 어떤 갈등들이 기다리고 있는지 제가 경험한 것들을 나누려고 합니다. 교회에 정착시키는 과정에서 부어 주신 하나님의 은혜와 놀라운 섭리가 있으니 제 얘기를 기대하셔도 좋을 것 같습니다.

먼저 저희 대학부 예배에 새가족이 왔을 때 제가 어떻게 안내하는지 보여 드리겠습니다.

처음 교회에 나오시는 친구님들, 안녕하세요? 반갑습니다!

우리 야베스, 수영로교회 대학부를 방문해 주셔서 정말 감사합니다.

교회에 처음 나오시는 분들이 가장 놀라워하면서 이해하기 힘들다고 하시는 게 두 가지가 있더군요. 먼저 이것부터 말씀 드리려고요.

첫째, "옆에 앉은 분들이 기도할 때 크게 소리를 지르면서 해요!"

둘째, "찬양을 부르다가 또는 기도하다가 막 우는 사람들이 있어요!"

두 가지 상황을 만나더라도 절대 놀라지 마세요. 제가 이해하기 쉽게 콘서트에 빗대서 설명 드릴게요.

혹시 좋아하는 가수의 콘서트에 가보신 적 있나요? 안 가보셨더라도 그곳 분위기가 어떨지는 짐작하시겠죠?

야베스 예배도 예수님을 좋아하는 젊은이들이 모인 콘서트라고 생각하시면 됩니다. 평소 집에서는 흥얼거리며 노래 부르다가도 콘서트홀에 들어가면 큰 소리로 노래를 따라 부르잖아요. 여기 젊은이들도 마찬가지예요. 평소에는 집에서 조용히 기도 드리는데요, 이곳에 오면 큰 소리로 마음껏 기도한답니다. 마치 콘서트홀에서 목청이 터져라 노래 부르는 것처럼 말이에요.

가끔 우는 사람들도 보일 거예요. 놀라실 필요 없어요. 진짜로 무지 좋아하는 가수가 내 손을 잡아 주거나 안아 주면 어떻게 되겠어요? 여자분들은 까무러치며 울기도 하잖아요.

여기서 우는 분들은 여러 가지 이유가 있을 거예요. 진짜 너무 슬퍼서 울기도 하고, 자기가 죄를 많이 지었는데 말씀이나 찬양을 통해 찔림을 받아서 회개하느라 울 수도 있고요, 하나님이 그 사람의 마음속에 감동을 주셔서 감격의 눈물을 흘리기도 한답니다. 이유는 다양하지만 대체로 이런 경우가 많아요.

제 설명이 도움이 되셨나요? 아무튼 우리 야베스 대학부 콘서트홀에 오신 것을 진심으로 환영합니다. 좋은 친구들 많이 만나시고, 말씀과 찬양을 통해 많은 깨달음 얻으시길 바랍니다. 아무쪼록 좋은 시간 되시길 빌게요.

참, 예배와 모임 시간 안내해 드릴게요.

주일, 일요일이에요. 2시부터 4시까지 1부 예배가 있고요. 4시부터 6시 반까지 마을과 사랑 모임이 있어요. 6시 반부터 8시까지는 기도와 찬양, 줄여서 기찬이라고 해요. 기찬 예배가 있답니다.

오늘 처음 오셨으니 부담이 안 되는 선에서 참석하시면 됩니다. 미리 잡아 놓은 약속이 있다면 언제든지 먼저 나가셔도 돼요.

자, 그럼 청년들의 아름다운 축제, 야베스 예배로 당신을 초대할게요!

전도는 양육까지!

뿌리가 약하면
언제든 떠날 수 있어요

마음에 확 꽂히는 책을 만난 적이 있습니다. 제목만 봐도 마음을 다
잡게 해주는 좋은 책이었습니다. 대한민국 최고의 보험왕이라는 별
명을 가진 예영숙 님이 쓴《고객은 언제나 떠날 준비를 한다》라는 책
입니다.

저자는 알고 있습니다. 고객이란 좀 더 좋은 조건이 나타나면 언제
든 떠나려고 하고 자신에게 불리하다 싶으면 미련 없이 떠날 준비를
하는 존재라는 것을요. 그러니 애초에 고객이 그런 생각을 하지 못하
도록 매 순간 고객 만족을 위해 최선의 노력을 다하자는 게 이 책의

주제입니다. 책 제목을 이렇게 정할 정도면 평소에 긴장의 끈을 놓지 않고 얼마나 꾸준히 노력하는지 짐작이 됩니다.

저도 알고 있습니다. 새가족이나 믿음이 약한 지체들은 언제든 교회를 떠날 준비를 하고 있다는 것을요. 믿음이 든든하게 뿌리내린 사람들은 어떤 일이 있더라도 참고 견디며 오히려 그 문제로 인해 기도하며 더욱 성숙해져 가지만 새가족에게는 그럴만한 믿음이 아직 없기 때문입니다. 그래서 저는 새가족과 믿음의 뿌리가 약한 지체들, 두 부류에 항상 마음을 두고 기도하며 챙기고 관리합니다.

비유가 적절한지는 모르겠지만, 저는 이 두 부류를 몸이 아파서 병원에 입원한 환자들로 생각합니다. 물론 저도 아프고 연약한 곳이 있습니다. 다만 그들을 손길이 필요한 환자처럼 한시도 눈을 떼지 않고 지극정성으로 돌본다는 뜻입니다. 환자를 잘 돌봐 왔는데 어느 날 지금까지 잘 돌봤으니 하루쯤은 대충해도 되겠지 한다면 큰일이 날 것입니다. 생명이 위태로워질 수도 있으니까요. 새가족 정착도 마찬가지 문제인 것 같습니다.

한결 같은 보살핌이 필요합니다. 어느 일이나 마찬가지겠지만 한결 같은 마음이 가장 중요한 것 같습니다. 한결같은 사람, 한결같은 회사, 한결같은 감동, 한결같은 사랑…. 많이들 꿈꾸지만 실제로 찾아보기는 쉽지 않은 것들입니다. 누구나 잠시 동안은 몰입할 수 있습니다. 그러나 순간 반짝하고 마느냐 지속적으로 할 수 있느냐에 따라 프로와 아마추어가 갈립니다.

보험왕의 책을 보면 '고객은 아주 똑똑하다'라는 말이 나옵니다. 그들을 무시하면 안 되는데 얕잡아 봐서는 더더욱 안 된다고요. 이 사람이 보험에 대해서 알면 얼마나 알겠느냐 하고 대충 얼렁뚱땅 넘어가려고 하면 고객은 금방 알아차리고 등을 돌린다고 합니다.

마찬가지로 교회에 처음 나온 사람들도 기본적인 것은 다 압니다. 예수님을 인격적으로 만나지 못했을 뿐입니다. 심지어는 성경 지식이 상당한 경우도 있습니다. 그렇기 때문에 대충대충 해서는 안 됩니다.

믿음이 약하다고 무시하거나 얕잡아 봐서도 안 됩니다. 의심이 많다고 해서 앞뒤 가리지 않고 무조건 틀렸다고 뭐라 할 것이 아니라 측은한 마음을 가지고 불쌍히 여기고 기도해 주어야 합니다. '밀림의 왕 사자도 토끼 한 마리를 잡을 때 최선을 다한다'는 말이 있습니다. 누구를 대하든지 마치 마지막인 것처럼 무시하지 말고 정성을 다해 진심으로 대하십시오.

무관심과 무책임한 행동 때문에 새가족이 정착하지 못하고 교회를 떠나는 일이 있어서는 안 됩니다. 용서하는 마음, 품는 마음이 없어서 소중한 새가족을, 믿음이 약한 한 지체를 놓치거나 잃어버려서야 되겠습니까?

이단에 빠졌다가 헤어 나온 사람들의 말을 들어보면 이단들이 가족 이상으로 사랑해 주고 아낌없이 베풀어 주는 것 같아서 미혹됐다는 경우가 많습니다. 그런 얘기를 들으면 참 부끄럽습니다. 미혹의 영들도 그렇게까지 하는데 하물며 온전한 진리이신 예수님을 만난 우리가 이래서야 되겠습니까? 그들보다 두 배, 세 배, 아니 열 배는 더 노력해야 하지 않을까요?

보험왕의 열심과 이단들의 열심을 훌쩍 뛰어넘는 열심으로 기도하며 노력합시다. 하나님이 반드시 도와주실 것이고 복을 더해 주실 것입니다.

진심 어린 미소와
인사로 마음을 사세요

경상북도 청송에 있는 주왕산국립공원에 다녀온 적이 있습니다. 올라가는 길에 음식점들이 즐비하게 들어서 있었습니다. 산에 올랐다가 내려오는 길인데 어느 가게에서 먹는들 맛있지 않겠습니까? 그런데 유독 한 가게만 손님들로 북적이는 게 눈에 띄었습니다.

제가 봤을 때는 그 가게의 성공 포인트는 바로 가게 앞에서 전을 튀기는 아주머니인 것 같습니다. 아주머니는 산을 올라가는 사람들에게는 활짝 웃으면서 "물 한 통 가져가세요" 하고 인사하고, 내려가는 사람들에겐 웃으면서 "그냥 커피 한 잔 드시고 가세요" 하고 인사했습니다. 이상하게도 절대 호객 행위로 느껴지지 않았습니다.

올라가는 길에 안 그래도 가게에서 물을 사려던 참이었는데 그분이 방긋 웃는 얼굴로 물을 주시니 고맙기까지 했습니다. 왠지 진심이 느껴지는 표정이었거든요. 내려가는 길에 진짜로 커피 한 잔만 마시고 간다고 해도 절대로 뭐라 할 것 같지도 않았습니다. 정말 그냥 마시고 가라는 소리처럼 들렸으니까요.

'뭘까? 도대체 뭘까? 같은 말인데 이 사람이 하면 호객 행위 같고 저 사람이 하면 왜 다르게 들리지? 나뿐만 아니라 이 많은 사람의 마음을 움직이는 게 대체 뭘까?'

그 가게에 들어가서 주문하고 음식이 나오는 동안 그 아주머니를 유심히 지켜봤습니다. 하도 신기해서 눈이 저절로 돌아갔습니다. 한동안 물끄러미 아주머니를 바라봤더니 해답을 찾을 수 있었습니다.

바로 아주머니의 밝은 미소와 인사 때문이었습니다. 많은 사람이 손님을 부르고 있었는데 유일하게 그 아주머니만 얼굴에 미소를 띠고 인사하는 것이었습니다. 따뜻한 마음이 느껴질 정도로 말이죠.

진짜 커피만 얻어 마시고 가는 사람들도 있었습니다. 그런데도 아주머니의 얼굴에서 싫은 내색은 전혀 찾아볼 수 없었습니다. 짧지만 손님 한 사람, 한 사람과 진심 어린 대화를 나누는 것처럼 보였습니다. 커피만 마시고 돌아서는 등산객에게도 환한 웃음으로 안녕히 가시라고 인사하는 아주머니에게서 따뜻한 인간미가 느껴졌습니다.

그분이 가게 주인인지 아닌지는 모르겠지만 진심이 담긴 것 같았습니다. 사람 마음을 움직이는 따뜻함과 묘한 힘이 느껴졌습니다.

저는 교회에 처음 나온 사람들을 이렇게 분류하곤 합니다. 사람들과 잘 사귀고 잘 정착할 것 같은 사람, 모든 면에서 그럭저럭 보통인 사람, 사람들을 잘 못 사귀고 돌봄이 필요한 사람. 대학부 리더들과 이런 새가족들을 어떻게 정착시킬 것인가에 대해서 종종 이야기를 나눕니다.

군대에 항상 신경 써야 하는 요주의 관심 병사가 있듯이 우리의 도움과 관심과 사랑을 필요로 하는 지체가 있게 마련입니다. 그렇다고 무조건 오냐오냐하지는 않습니다. 연약한 영혼이 하나님 말씀으로 무장되고 은혜 받아 변화되기를 기도하면서 정성껏 돌보는 것입니다.

새가족과 믿음이 약한 지체들과 함께 있을 때면 주왕산국립공원에서 만났던 전 튀기는 아주머니를 떠올립니다. 제가 하는 말과 행동이 억지가 아니라 마음이 담긴 자연스러운 것으로 받아들여지기를 기도합니다.

합력하여
선을 이루시고야 마는
하나님을 신뢰하세요

제가 맡은 마을에 새가족이 왔습니다. 한 살 많은 고등학교 선배를 따라온 대학 신입 남학생이었습니다. 걱실걱실해 보이면서도 수줍음이 많은 것 같고 교회란 곳이 처음이라 낯설지만 한편으로는 좋아하는 것 같아 보였습니다. 아니나 다를까 인도해 온 친구의 말도 그랬습니다.

"간사님. 후배가 태어나서 교회에 처음 와봤는데 참 좋대요. 편안하고 재미있대요."

"맞나. 아이쿠, 그것 참 잘됐네. 은혜다 진짜 은혜야. 감사하다, 그

자?"

"그런데요, 간사님. 후배네 집이 불교 집안이라 걱정이 좀 된대요."

"무슨 걱정 하던데?"

"어머니가 한 집안에 종교가 둘이면 안 좋은 일이 생긴다고 하셨대요. 누가 아프거나 다치거나 병에 걸린다는 말씀을 하셔서 교회는 좋지만 왠지 찝찝하고 마음에 걸리나 봐요."

"그래, 알겠다. 그거 다 잘못된 거라고. 절대 그런 일 없을 거라고 내 얘기해 줄게. 우리집안도 나만 교회 다니고 다 불교였는데 그래도 좋은 일만 가득하더라고 말해 줄게. 기도도 해줄 테니 갸한테 지금 한번 가보자."

그 후배에게 제 이야기를 들려주고 손을 잡고 진심으로 기도를 드렸습니다. 이튿날 월요일에는 자기 선배를 따라 새벽 기도까지 나왔습니다. 어찌나 기특하고 예뻐 보이던지 하나님께 감사와 찬양을 올려 드렸지요.

그런데 바로 그날 저녁 때 사건이 벌어지고야 말았습니다. 선배 녀석이 몹시 다급한 목소리로 전화를 해왔습니다.

"간사님, 큰일 났어요!"

"뭔데, 무슨 일인데? 차분히 말해 봐라."

"그게요. ○○이가 갑자기 아파서 병원 가더니 수술하고 입원까지 했어요."

"뭐라꼬? 무슨 병이가? 아님 무슨 사고라도 난기가?"

"잘 모르겠어요. 그냥 갑자기 기침이 나고 가슴이 아파서 동네 병원에 갔더니 더 큰 병원에 가보라 해서 큰 병원 갔다가 바로 수술하고 입원했대요."

"뭐라꼬. 작은 병원에서 큰 병원으로 가라고 했다고? 일단 알았다. 내가 다시 연락할 때까지 기다리고 있어라."

겉으로는 의연한 척했지만 순간 머릿속이 하얘졌습니다. 그 친구의 어머니가 하셨다는 말씀이 떠올라서 멍해진 것입니다.

"하나님, 어찌합니까? 분명히 제가 그 아이보고 네가 생각하는 그런 나쁜 일은 절대로 일어나지 않을 거라고 말했는데 갑자기 수술에다 입원이라니요. 이게 웬 말입니까? 이건 좀 아니지 않습니까? 하나님, 도대체 이게 무슨 일입니까? 이제부터 어떻게 해야 하는지 알려 주십시오. 도와주세요."

하나님께 마치 따지듯이 기도드렸습니다. 그랬더니 마을 리더들과 함께 병문안을 가라고 응답해 주셔서 시간이 되는 리더들과 함께 그날 바로 병원을 찾아갔습니다.

수술을 잘 마친 형제는 옆구리에 호스를 꽂은 채 피와 고름을 통으로 빼는 중이었습니다. 그런데 그 모습이 영 낯설지가 않았습니다.

'내가 고등학교 2학년 때 딱 저런 모습이었는데…'

혹시나 하는 마음에 병명을 물었습니다.

"니 병명이 뭐라카드노?"

"'기흉(氣胸)'이요."

대답을 듣는 순간 웃음이 터졌습니다.

"니 기흉이었나? 참, 내는 또 중병이라고. 내가 고2 때 기흉이었다 아이가! 이거 맹장염보다 더 간단한 수술이야. 수술도 아이고 시술이라고 하던데. 내 십년감수했다."

"간사님, 죄송해요. 큰 병원으로 가보라 해서 놀랐는데 막상 보니까 큰 병이 아니었어요. 걱정 끼쳐 드려서 죄송해요. 그리고 이렇게 다 와주셔서 고맙습니다."

"야, 인마. 니가 아파서 수술했다는데 당연히 와봐야지. 자 우리가 기도해 줄게."

기도가 끝난 뒤에는 한참을 떠들고 웃으며 즐거운 시간을 보냈습니다. 그 다음 날은 대학부 담당 목사님과 함께 또 찾아가 기도해 주었습니다. 일주일쯤 지나서 무사히 퇴원했고 건강한 몸으로 교회에 다시 나오게 되었습니다.

나중에서야 이야기를 들었는데 그 말을 듣고 하나님께 감사하지 않을 수가 없었습니다.

"간사님, 사실은 그날 오후에 교회 다니지 말아야겠다고 다짐했었어요. 그런데 갑자기 가슴이 따끔하고 아파서 병원에 갔다가 느닷없이 수술하고 입원까지 했잖아요. 그때까지만 해도 어머니 말씀이 맞는 줄 알고 진짜 교회 안 다닐라꼬 마음을 굳혔습니다. 그런데 간사님과 교회 사람들이 한 번밖에 안 본 저를 위해 그렇게 한달음에 오실 줄은 몰랐거든요. 진심으로 위로해 주고 재밌게 해주셔서 진짜 고마웠어요. 그리고 목사님도 오셔서 기도해 주시고. 그때 너무 고마워서 퇴원하면 꼭 교회 다녀야겠다고 생각했어요. 고맙습니다. 간사님."

"이는 내 생각이 너희의 생각과 다르며 내 길은 너희의 길
과 다름이니라 여호와의 말씀이니라 이는 하늘이 땅보다
높음 같이 내 길은 너희의 길보다 높으며 내 생각은 너희
의 생각보다 높음이니라"(사 55:8-9).

하나님의 생각이 이렇게 다르시구나 하는 것을 새삼 깨달았습니다.
앞으로는 제 생각과 전혀 다른 상황이 닥친다 해도 다시는 하나님께
따지거나 불평하거나 원망하지 않겠다고 다짐했습니다. 모든 것을
합력하여 선을 이루신다는 로마서 말씀처럼 무조건 하나님을 믿고
따르기로 했습니다.

정말 하나님은 신실하시며 모든 생각과 상황을 뛰어넘으시는 분이
십니다. 그 사건으로 말미암아 제게 원망과 투정이 사라지게 하신 하
나님께 다시 한 번 영광과 감사와 찬송을 올려 드립니다.

보여야 할 사람이
안 보이면
비상사태를 선포하세요

제가 간사로 섬겼던 수영로교회 대학부 야베스는 당시 800~1000명 규모의 건강한 공동체였습니다. 지금도 물론 여전히 아름다운 사랑의 공동체입니다.

당시 야베스는 사랑원들과 사랑장, 각 부서 간사들과 두 분의 전임 간사들 그리고 담당 목사 두 분으로 구성되어 있었습니다. 가장 작은 단위의 소그룹을 '사랑'이라고 불렀습니다. 한 사랑에 대개 다섯에서 여덟 명 정도가 있는데 각 구성원을 사랑원이라고 부르고 그 리더를 사랑장이라 부릅니다.

사랑이란 이름을 다들 마음에 들어 했습니다. 사랑장이 사랑원을 부를 때 동성(同性)끼리는 "아이쿠, 예쁜 내 사랑 ○○야!" 하고 부르고 이성(異性)일 때는 "내 사랑원 ○○야!" 라고 부르는데 소리만 들어도 진짜로 따뜻한 애정을 느낄 수 있기 때문입니다. 사랑장들도 "우리 ○○사랑장님은 짱 좋으셔!"라는 소리를 들으면 힘이 솟는지 행복해 보였습니다.

사랑이 서너 개 모이면 이십에서 삼십 명 단위의 마을이 됩니다. 마을의 리더는 마을장입니다. 마을이 서너 개 정도 모이면 하나의 부가 됩니다. 부의 총책임자는 간사입니다. 저는 한 부서를 맡아 간사로 섬겼습니다.

제 부서는 네 개의 마을로 구성이 되었는데 토요일 저녁 8시 전까지 네 명의 마을장들로부터 전반적인 얘기를 미리 들었습니다. 그래야 각 마을이 어떻게 돌아가는지 파악할 수 있기 때문에 제가 부탁한 것입니다. 특히 주일날 누가 못 온다고 하는지 그 이유는 뭔지, 새가족은 누구의 친구이며 어떤 사람인지는 꼭 챙겨서 들었습니다.

각 사랑장들이 각각 마을장에게 연락하면 마을장들이 제게 연락하는 방식이었습니다. 그렇게 미리 파악한 정보들을 가지고 다음 날 80~100명 정도 되는 부서원들 전부와 나누게 될 약 5~10분 정도의 부서 모임을 어떻게 진행할 것인지 기도하며 머릿속으로 그림을 그렸습니다.

주일 야베스 예배가 시작된 지 30분 정도 지나고 나면 그날 안 나온 지체들의 명단을 파악합니다. 그런데 토요일에 마을장들로부터 못 온다는 소리를 듣지 못했는데 주일 날 안 보이는 친구가 생겼다 하면 바로 비상사태가 선포됩니다. 바로 연락에 들어갑니다. 어쩌다 한번 빠졌나 보다 하고 안이하게 생각하는 일은 절대 없었습니다.

왜냐하면 처음 한 번 빠졌을 때는 '어이쿠' 하는 맘이 들면서 '내가 하나님께 죄를 지었구나. 죄송해서 어쩌지?' 하는 마음에 불안한 마음을 가지게 마련이지만, 한 번이 두 번이 되고, 세 번이 되면 어느덧 장기 결석의 늪에 빠질 수 있기 때문입니다. 그래서 미연에 방지해야 합니다. 별 이유 없이 한번 빠진 것을 심각하게 받아들이는 것입니다.

예배가 끝나면 바로 부서별로 모여서 부서 모임을 갖는데 간단히 인도하고 나면 시간 여유가 생깁니다. 그때 보여야 하는데 보이지 않는 지체에게 바로 연락합니다. 대부분 아프다거나 집안에 급한 일이 생겼다거나 아니면 늦장 부리느라 뒤늦게 오는 중이었습니다. 그런데 아예 연락조차 안 된다면 이거야말로 무슨 일이 생긴 것입니다.

삶이 힘들어서 어디선가 혼자 방황하거나 어떤 힘든 문제 때문에 혼자만의 동굴로 들어가 버리거나 말 못할 괴로움 때문에 삶의 의욕을 잃었다는 지체도 있습니다. 하나님에 대한 믿음이 흔들려서 갈팡질팡하기도 하고 이유는 참으로 다양합니다.

이때 타이밍이 정말 중요한데 가능한 한 빨리 연락을 취해야 합니다. 응급 환자를 응급실로 빨리 데리고 가야 하듯이 말입니다.

전화를 받지 않으면 일단 문자를 보내고 기다립니다. 저녁때라도 연락이 오면 그나마 다행이고 하루 이틀 지나서 답장이 오는 경우도 있습니다. 연락이 오면 전화로 기도해 주고 주중에 한번 만나기로 합니다. 마을장과 사랑장을 데리고 함께 만납니다.

만난다고 해서 문제가 딱히 해결되는 건 아니지만 같이 기도해 주고 위로하며 다독이다 보면 사랑원들이 힘을 얻고 용기를 얻습니다. 무엇보다 자기가 정말로 사랑받고 있음을 알게 되고, 챙겨 주는 리더들에게 고마움을 느낍니다. 그 다음부터는 방황하기보다는 교회에 나와 하나님께로 나아가게 되는 것입니다.

주일날 보여야 할 지체가 안 보이면 비상사태입니다! 응급 환자가 발생한 것입니다. 그 즉시 기도하고 행동하십시오. 타이밍을 놓치지 마십시오. 타이밍을 놓치면 위급한 환자가 목숨을 잃듯이 천하보다 귀한 한 영혼을 놓칠 수 있습니다.

하나님이 맡겨 주신 귀한 영혼들을 한 명이라도 잃으면 안 됩니다. 그래야 이다음에 하나님 아버지께 "참, 잘하였다. 착하고 충성된 내 아들아" 하시는 말씀을 들을 것 아닙니까?

대한민국 교회의 모든 리더님들 파이팅!

미운털도 사랑하는
대인배가 되세요

2012년 9월 어느 날 영원한 국민 타자 삼성의 이승엽 선수가 기아 팬들에게 박수를 받은 일이 있었습니다.

삼성-기아전을 앞두고 훈련하던 이승엽 선수에게 쩌렁쩌렁 울리는 목소리로 "이승엽 싫어!" 하고 외치는 기아 팬이 있었습니다. 한 번에 그치지 않고 계속 소리를 지르자 참고 있던 이승엽 선수가 관중석을 향해 걸어갔습니다. 그러더니 자기에게 소리 지르던 기아 팬에게 웃으며 다가가 공을 건네주는 것이었습니다. 그러자 뻘쭘해진 기아 팬이 웃으면서 공을 받아 들었습니다.

"다음부터는 좋다고 해주세요."

이승엽 선수에게는 삼성 팬만이 전부가 아니었던 것입니다. 상대팀의 팬이라도 야구팬이니까요. 야구를 사랑하는 팬이 자기를 싫다고 하는 게 신경 쓰였던 것입니다.

그는 진짜 마음이 크고 넓은 사람입니다. 그래서 국민 타자가 되었구나 하는 생각이 들었습니다.

하나님이 제게 붙여 주신 지체들을 생각하면 참 기분이 좋습니다. 행복하고 감사합니다. 찬송이 절로 나옵니다. 그렇지만 저도 사람인지라 간혹 미워 보이는 아이들이 있기 마련입니다. 뺀질거리고 말 안 듣는 지체를 만나면 어떨 땐 원수 같기도 하고 울고 싶어지기도 합니다.

'왜 이 녀석은 다른 데 안 가고 여기 와서 내 속을 썩이는 거지? 다른 데 좀 가면 안 되겠니?'

부끄럽지만 솔직한 제 심정입니다.

그런 마음이 들 때 이승엽 선수를 떠올립니다. 솔직히 저 같았으면 야구 방망이를 휘둘러서 데드볼을 날려 보냈을지도 모릅니다. 이런 걸 보면 예수님의 성품을 닮으려면 아직도 먼 것 같습니다.

당신을 못살게 구는 머리에 뿔난 지체가 있습니까? 하나님이 놀라운 축복을 부어 주실 준비를 하고 계십니다. 그 지체를 위해 기도하고 품어 보세요. 곧 하나님의 어마어마한 선물들이 당신의 머리 위로 마구 쏟아지는 걸 경험하게 될 것입니다.

고정관념은
깨뜨려도 좋아요

새가족 한 명을 위해서 마을 이름을 아예 바꿔 버린 적이 있습니다.

제가 전도한 형님이 어느 날 제게 와서 풀이 죽은 목소리로 말했습니다.

"병호야. 나는 이제 교회 못 다니겠다."

"에이, 왜요? 형! 갑자기 와 그라는데요?"

"딴 게 아니라 내는 담배도 피우고 술도 마시고 해서 순수하지가 못하데이. 근데 우리 마을 이름이 '순수마을'이니 나랑은 영 안 어울리는 것 같아서…. 니 알제? 괴리감 같은 거 있잖아. 그래서 못 다니겠다."

"아이고, 행님도 참! 알겠어요. 순수마을이라 마음이 힘들다고요? 알겠어요. 그럼 바꾸면 되지요. 뭐!"

"뭐라꼬! 내 하나 때문에 마을 이름을 바꾼다고? 그라지 마라! 겨우 한 명 때문에 그러는 게 어덯노? 딴 애들이 다 뭐라 칸다."

"아니에요. 뭐라 하는 사람 한 명도 없을 거예요. 제가 간사잖아요. 마을 이름 바꾸는 이유를 애들한테 잘 설명해 주면 돼요. 그니까 이제 교회 못 다니겠다는 말은 다시 하지 마세요. 그 말이 저한테는 제일 가슴 아픈 말이란 말예요. 아셨죠? 형!"

"알겠다. 병호야. 나 하나를 위해서 이렇게까지 해주고 진짜 고맙다. 글구 니는 진짜 대단한 놈이다. 빠져나갈 틈을 절대 안 주네. 알겠다. 이제 다시는 그런 말 안 하고 교회 잘 다닐게."

그러고 나서 저는 기도하면서 마을의 새 이름을 생각하기 시작했습니다. 그렇게 해서 나온 이름이 '미녀와 착한 야수 마을'이었습니다. 우선 새가족이 왔을 때 한번 들어도 절대 잊을 수 없고 부담 없이 귀에 쏙 들어올 재밌는 이름을 짓고 싶었습니다. 그리고 우리 마을의 자매들은 하나같이 하나님과 누가 봐도 미녀가 되라는 뜻에서 미녀라 부르고, 형제들은 하나님이 기뻐하시는 일이라면 순종하며 야성으로 밀고 나가는 착한 형제들이 되라는 뜻에서 그렇게 지은 것입니다.

그런데 문제가 생겼습니다. 담당 목사님이 반대하신 것입니다. 마을 이름을 '순수'에서 '미녀와 착한 야수(Beauty and Nice Beast)'의 영문 이니셜만 따서 BNB로 바꾸기로 했다고 문자를 드리자 바로 제게 전화를 거셨습니다.

"병호야, 그건 좀 심하지 않냐?"

"목사님께 연락이 올 줄은 알았지만 이렇게 빨리 올 줄은 몰랐어요. 하하하."

목사님께 그간에 있었던 일을 처음부터 다 말씀 드렸습니다.

"아, 새가족이 그런 말을 했단 말이지? 그래, 알겠다. 한 영혼이라도 놓치기 싫다는 병호 간사 마음이 예쁘네. 좋다. 남들이 뭐라 해도 난 찬성이다. 그럼. 한번 잘해 봐라."

"네, 목사님. 허락해 주실 줄 알았어요. 감사드려요. 기대에 부흥하도록 노력할게요. 기도해 주시고 지켜봐 주세요."

사건은 훈훈하게 마무리되었습니다.

그 주 전체 모임 시간에 마을 이름을 이러이러한 이유로 바꾸게 되었다고 발표했더니 모든 사랑원이 재미있어 하며 웃으며 동의해 주었습니다.

한 영혼을 붙잡는 일인데 무엇을 못할까요? 무엇이 가로막을 수 있을까요?

때로는
커플매니저가 돼 보세요

새가족이 예수님을 진심으로 만나길 원하는 마음에서 해야 할 일이 있습니다. 첫째는 기도이고, 둘째는 믿음이 좋은 친구들을 소개시켜 주는 일입니다. 그렇게 해야 서로 교제하는 중에 자연스럽게 예수님이 전해지기 때문입니다. 신실한 친구들의 말과 행동을 통해 그리스도의 편지와 향기가 드러나기 때문입니다.

같은 마을에 국한하지 않고 새가족의 성향과 특성, 학교, 전공, 취미 등을 종합적으로 고려하여 어울릴 만한 지체들을 소개시켜 줍니다. 제 머릿속에 있는 대학부 지체들의 데이터를 쭉 훑어서 가장 적합한 지체들을 찾고 계속 교제를 나눌 수 있도록 연결해 주는 것입니다.

예를 들면, 모 대학 모 학과에 다니는 새가족이 오면 같은 학교 같은 과에 다니는 믿음 좋은 친구가 있는지부터 알아봅니다. 같은 학교 같은 과라면 최상이지만 과가 같지 않더라도 가능하면 같은 학교가 좋습니다. 공통분모가 있기 때문에 서로에게 금방 호감을 느낍니다. 학교에서 시간 나는 대로 만나서 식사하거나 여러 가지로 챙기면서 도움을 줄 수 있기 때문입니다.

아예 주중에 한번 시간을 내서 새가족의 학교로 찾아가기도 합니다. 그때 친한 친구들을 두세 명 데리고 나오라고 합니다. 그리고 같은 학교에 다니고 있는 믿음의 지체들을 몇 명 불러서 함께 간식을 먹거나 식사를 해서 친해질 만한 자리를 자연스럽게 마련해 줍니다. 이렇게 하면 거리상 멀리 떨어져 있는 저보다 같은 학교 지체들이 이모저모로 잘 챙겨 주게 되니 좋습니다. 아울러 새가족의 친구들과도 금세 친해져서 같이 교회에 나오게 되는 경우도 있습니다.

새가족은 좋은 믿음의 선배들, 믿음의 친구들이 생겨서 무척 좋아합니다. 자기 믿음이 연약한데 언제라도 자기를 인도해 줄 수 있는 믿음의 사람들이 주변에 있다는 것에 편안함을 느낍니다. 그리고 새가족을 만난 믿음의 지체들도 비록 같은 마을이 아닐지라도 새가족이 교회에 정착하는 데 자기가 쓰임 받는다는 것에 감사 기도를 올리곤 합니다.

또 하나의 좋은 방법은 같은 지역에 사는 믿음의 지체들을 소개시켜 주는 것입니다. 그러면 교회를 오갈 때, 특별 새벽기도가 있을 때, 금요 철야를 마치고 집에 갈 때 함께 움직일 수 있어서 안심이 됩니다.

친해지면 스스럼없이 교회 문화에 대해 이야기를 나누고 이것저것 교회 생활과 관련된 정보를 자기들끼리 나눕니다. 이런 과정을 통해 새가족은 교회와 가까워집니다.

새가족이 오면 그를 교회에 정착시키는 데 도움이 될 만한 지체들이 머릿속에서 딱 떠오릅니다. 옷 전문가들은 누가 문을 열고 들어오면 키와 체형만 보고도 대개 사이즈를 알아맞힌다고 합니다. 저 또한 새가족을 오랫동안 담당하다 보니 대화를 조금만 해도 어떤 지체가 어울릴지 파악이 되는 것 같습니다.

지금은 대학부에서 청년부로 옮겼는데 새가족에 대해서는 변함없이 그대로 하는 편입니다. 하나 더 추가된 것이 있는데 믿음의 배우자 찾아주기입니다. 새가족이 구원에 대한 확신이 있고 거듭났으며 믿음의 홀로서기가 가능해진데다가 믿음의 배우자를 찾고 있다면 제가 소개시켜 줄 정도가 되었다는 것입니다.

이렇게 해서 결혼한 커플들이 꽤 많습니다. 처음에는 예수님과 잘 만나도록 믿음의 동역자들을 엮어 주었는데 이제는 평생의 배우자를 엮어 주기까지 되었습니다. 어떻게 하다 보니 세상에서 가장 행복한 커플 매니저가 된 것 같습니다.

제가 맺어 준 커플들에게 끝까지 AS해 주겠다고 약속했는데 이제 껏 한 번도 그런 일은 없었습니다. 깨가 쏟아지게 잘 살고들 있습니다. 부럽습니다. 진짜로! 그래서 저도 어서 빨리 결혼해야겠다고 마음

먹고 하나님께 간절히 기도하고 있습니다.

오늘도 별이 바람에 스치우네요. 하하하.

문자도 사람에 따라
센스 있게 보내세요

새가족이 오면 그 사람의 눈빛과 표정과 행동을 보고 교회에 대해 얼마나 호감을 갖는지 또 얼마나 적응하고 있는지 파악합니다. 잠깐의 대화를 통해서도 많은 것을 알 수 있습니다. 그의 성향을 파악하는 것도 중요합니다. 쉽게 말해서 적극적인지 내성적인지, 넓게 사귀는 걸 좋아하는지 한두 사람과 친밀감을 느끼길 좋아하는지 파악하는 것입니다.

적극적인 성격에 사람들과 어울리는 걸 좋아하는 지체들은 전화번호를 달라고 하면 스스럼없이 줍니다. 리더들과 번호를 공유해도 되겠냐고 물으면 마을 전체가 알아도 괜찮다고 말하는 이들도 있습니다. 이런 성향의 지체들은 처음 온 날 폭탄 문자를 보내 주면 아주 좋아합니다.

"반갑습니다. 저는 따뜻한 마을 OO학번 OOO입니다. 만나서 반가워요. ⋯ 주일에 또 만나요."

이십에서 삼십 명의 마을원들이 모두 문자를 보내는 겁니다. 폭탄 문자를 받은 새가족은 행복해 합니다. 반갑게 맞이해 줘서 고맙다고 답장을 주기도 합니다. 새가족이 다른 지체들의 관심과 호의를 좋아할 경우에는 주중에 연락할 조를 짜 줍니다. OO랑 OO은 월요일, OO과 OO은 화요일⋯. 토요일까지 이런 식으로 조를 짜 주고 평소에 전화나 문자를 할 수 있도록 연결해 줍니다. 그러면 고작 한 주가 지났을 뿐인데도 새가족은 마치 오래 전부터 함께했던 친구처럼 밝은 표정으로 인사를 나누고 쉽게 적응하게 됩니다.

이와는 반대로 내성적인 성격의 새가족이라면 위와 같은 방법을 써서는 안 됩니다. 자기 전화번호조차도 알려 주기 꺼려하는 사람이라면 간사인 저와 마을장, 사랑장 정도만 번호를 알고 있겠다고 얘기해 줍니다. 어떤 경우에는 간사인 저만 번호를 알고 다른 사람들과는 절대로 공유하지 않겠다는 약속을 한 후에야 전화번호를 받을 수 있었던 적도 있습니다.

이런 성향의 새가족은 한두 사람과 진심어린 관계를 맺기 원합니다. 가까워지고 친해지는 데 시간이 좀 걸리긴 하지만 진심을 가지고 대하다 보면 모든 것을 터놓고 말하고 완전히 믿어 주는 친구들입니다. 항상 먼저 물어보고 싫다고 하면 절대로 강요하거나 권하지 마십시오. 내성적인 사람에게 폭탄 문자를 보내면 비명을 지르며 질색할 것입니다. 당장 다음 주부터 교회에 안 나올지도 모릅니다. 내성적인 성격의 새가족에게는 기다려 주는 시간이 필요합니다.

적극적인 성격의 새가족에게는 화끈하게 대시하고, 내성적인 성격의 새가족에게는 따뜻한 마음으로 기다려주는 것이 배려입니다. 새가족에게는 맞춤형 관리가 필요합니다. 새가족을 대하기란 쉬운 일이 아니지만 중요한 것은 진심이 통하게끔 하면 된다는 것입니다.

고3 졸업식을
챙기세요

2월은 졸업 시즌이자 교회에서 이탈자가 많이 생기는 때이기도 합니다. 대개 초등학교 6학년에서 중학교 1학년 올라갈 때, 중학교 3학년에서 고등학교 1학년 올라갈 때 아이들이 곁길로 많이 새어 나갑니다. 특히 고3에서 대학부로 올라갈 즈음 세상으로 빠져나가는 아이들이 급증합니다. 안타깝게도 아예 교회를 떠나는 경우도 생깁니다.

대학부로 올라오지 않는 이유로는, 대학에 합격하지 못했기 때문에 안 오겠다는 부류가 있고 부산 외의 지역에 있는 대학에 붙었으니 굳이 대학부로 올라갈 필요 없이 새로운 교회를 찾으면 된다는 부류가

있습니다. 또 일단 대학에 합격했으니 아무도 건드릴 자 없다며 대놓
고 막 나가는 부류도 있습니다.

이밖에도 여러 가지 이유가 있겠지만 이유를 불문하고 어쨌든 단
한 명이라도 놓쳐서는 안 된다는 것이 포인트입니다.

보통 11월 수능이 끝나고 나면 대학부의 각 마을에 고3 학생들의
명단이 전달되고 각 마을에서는 자기 마을에 배정된 고3 학생들을
맞이할 준비를 합니다. 그리고 교회 고등부 졸업식 때부터 찾아가서
꽃다발을 선물하며 졸업 축하와 함께 대학부 입회를 환영합니다.

마을마다 올라오는 고등부 명단을 보면 믿음 생활 잘하고 1년
개근하는 A그룹 서너 명, 보통 수준의 믿음 생활에 한 달에 한두
번 결석하는 B그룹 서너 명, 믿음이 약하고 한 달에 세 번 이상
결석하는 C그룹 두세 명, 마지막으로 장기결석자 일명 장결자 네
다섯 명으로 구성되어 있습니다. 부서 간사와 각 마을 리더들은
어떤 그룹에 속한 아이든지 빠짐없이 연락하고 대학부에 잘 적
응할 수 있도록 정성껏 돕습니다.

간사로서 제가 가장 신경 썼던 부분은 바로 졸업식입니다. 이날은
부서 모든 지체가 다 동원됩니다. 고등학교 졸업식이 대개 같은 날에
있기 때문에 조를 나누어서 움직여야 합니다. 새로 올라오는 친구들
이 열 명인데 열 명이 제각기 다 다른 학교 학생인 경우가 있었습니
다. 당연히 열 개 조로 나눠서 학교마다 다 갔습니다. 한 아이를 위해
서 3~5명의 마을 사람들이 축하하러 가는 것입니다.

고등학교 졸업식에 가면 대개 어머니만 계시거나 형제자매들이 와

있는 경우가 많습니다. 그런데 저희가 가서 시끌벅적하게 축하해 주며 사진도 많이 찍어 주니까 안 좋아할 수가 없고 감동 받지 않을 수가 없게 됩니다.

교회에 안 다니는 부모님들도 많은데 대학부 지체들이 진심으로 축하해 주는 모습을 보고 아이에게 교회 잘 다니라고 말씀해 주시곤 합니다. 대학부 선배들을 보니 믿고 보내도 되겠다고 안심하시며 점심까지 대접해 주시기도 합니다. 게다가 아이가 교회 안 다니는 자기 친구들에게 교회에 가면 이렇게 좋은 형과 누나들을 만난다고 자랑하니 자기도 교회 다니겠다고 따라나서는 경우도 생깁니다.

이렇게 이목이 집중되는 중요한 자리인 만큼 사전에 특별히 외모에 신경 쓰고 자세를 바르게 할 것을 당부합니다. 첫째, 지나치게 개성 있거나 화려한 옷은 피하고 단정하고 깔끔하게 입을 것. 둘째, 부모님을 만나면 예의 바르게 인사부터 할 것. 셋째, 주인공인 졸업생에게 진심으로 마음껏 축하해 줄 것. 이 세 가지를 미리 말해 주는데 이렇게 하면 졸업생이 기쁨을 누리는 동시에 대학부에 대한 고마움을 동시에 느끼게 됩니다.

고등학교 졸업하는 날 자기를 진심으로 축하해 준 대학부 마을의 형, 누나, 오빠, 언니들이 마음속에 좋은 인상으로 깊이 새겨집니다. "선배들 최고!"를 외치며 잘 순종하고 따라오게 됩니다.

매년 2월이 되면 졸업 축하 계획을 세워 보세요. 여기저기서 잃어버린 어린 양들을 무더기로 찾아낼 수 있을 것입니다.

담배, 무조건 막지만 말고
기다려 주세요

새가족 중에 골초 중의 골초가 있었습니다. 예배를 드리다가도 도중에 담배 생각이 나면 입이 바짝 말라 죽겠다며 기어코 담배를 피우러 나가곤 했습니다. 교회에 와서 예배를 드린다는 것 자체가 너무나 감사한 일이라 처음 한두 번은 혼자 조용히 피우고 들어오도록 했습니다.

그러다가 그 친구가 교회에 조금 적응이 된 다음부터는 한두 명 친구들을 같이 내보냈습니다. 그렇게 해야 부담스러워서 예배 중에 나가는 일이 없어질 것 같았기 때문입니다. 하지만 그럼에도 불구하고 담배 유혹을 이기지 못하고 또 나가는 것을 보고 이번에는 훨씬 나이가 많은 형들을 붙여서 내보냈습니다. 그 정도면 미안해 죽을 지경이 되리라고 생각했습니다.

생각한 대로 효과가 있었습니다. 담배 생각이 간절해지고 입안이 아무리 말라도 예배 도중에 나가겠다는 소리는 안 하게 된 것입니다. 그래도 혹시나 하는 생각에 아예 형님 둘이 그 친구의 양옆에 앉도록 했습니다.

"아, 형님들. 왜 이러세요. 왜 제 옆에 앉으시는 거예요. 너무… 부담스러워요."

눈을 동그랗게 뜨고 점점 작아지는 목소리로 투덜거리며 웃는 모습이 얼마나 귀엽게 보였는지 모릅니다. 덕분에 마을 전체가 다 웃었습니다.

나중에 뒷이야기를 듣자니 예배 시간에 밖에 나가지 않았던 것이 단순히 형님들 눈치 보느라고 말을 못했던 것이 아니었습니다. 알고 보니 찬양하다 말고 또 담배 피우러 나가겠다는 것을 형님들이 양 옆에서 팔짱을 끼며 못 나가게 말렸다는 것입니다. 그만큼 친해졌다는 뜻이지요.

"아, 행님요. 딱 한 대만 피우고 올게요."

"오늘은 안 된다카이."

"에이, 행님! 오늘 딱 한 번만 봐주소! 진짭니더."

개미 목소리로 속삭이며 말씨름을 했다고 합니다. 그러나 아무리 애원해도 놓아 줄 형님들이 아니었지요.

얼마 후에는 그가 교회에는 아예 담배를 가져오지 않기로 했다고 공개적으로 선언했습니다. 모두가 손뼉 치며 환호를 보냈지요. 또 얼마 지나자 "금연하기로 했심더" 하고 선언했고 모두가 그의 금연을 위해 합심 기도를 드렸습니다.

우리의 기도 덕분인지 25일째 금연에 성공 중이라던 형제가 드디어 예수님을 만났습니다.

"저 이제 담배 안 피웁니다."

자기 스스로도 놀란 것 같았습니다. 워낙 어렸을 때부터 담배를 피워 왔기 때문에 아무리 교회를 다닌다고 해도 담배만큼은 못 끊을 줄 알았다고 합니다. 하지만 아시죠? 하나님 안에서 불가능한 일이 어디 있습니까?

처음 교회에 나오기 시작했을 때 급할 때마다 담배를 피울 수 있게 해주어서 덕분에 숨통이 트였는데 시간이 갈수록 갖은 재미있는 방법으로 담배를 끊을 수 있도록 도와주고 기도해 줘서 고맙다고 했습니다. 기다리고 도와주고 기도해 준 보람이 있었습니다.

주위에 담배를 피우는 지체가 있나요? 우리가 했던 대로 한번 해보십시오. 확실히 효과가 있을 것입니다.

이왕이면
꽃으로 봐주세요

새가족의 마음 문이 열리고 변화를 받는 데는 시간이 필요합니다. 예수님과 교회에 마음 문을 열고 믿음이 자라기까지 시간이 필요하기 때문입니다.

김하중 대사님도 예수님을 믿는 데 20년 넘게 걸렸다고 들었습니다. 만약에 사모님이 도중에 포기하고 마셨다면 지금의 영적 거인인 대사님도 없으셨을 거라고 생각하니 아찔해집니다. 그런데 사모님이 기도를 멈추지 않으셨으니 얼마나 천만다행입니까?

저는 서른 살까지는 쌍꺼풀이 없었는데 서른하나가 되자 하루아침에 갑자기 쌍꺼풀이 생겼습니다. 어느 날 학생들이 "어? 선생님 쌍수 (쌍꺼풀 수술) 하셨어요?"라고 해서 무척 당황했던 적이 있습니다. 아무리 안 했다고 말해 줘도 절대 안 믿는 녀석들이 있었는데 30년간 없었던 것이 갑자기 생겨났으니 그럴 만도 하다는 생각이 들었습니다. 분명히 밝히지만 저는 쌍수를 한 적이 없습니다. 30년 만에 하루아침에 갑자기 그것도 저절로 쌍꺼풀이 생겨났습니다. 하지만 어쩌면 30년이라는 긴 시간 동안 오래오래 걸려서 만들어진 것인지도 모릅니다. 완전 느림보 쌍꺼풀인지도 모른다는 말입니다.

그리고 저는 태어날 때부터 크리스천이 아니었습니다. 17년 동안 예수님을 전혀 모르고 살았습니다. 제게 예수님을 처음 소개시켜 주신 이정화 목사님께 감사드릴 뿐입니다. 고등학교 시절에 목사님께 얼마나 못되게 대들었는지 지금 생각하면 얼굴이 다 화끈거립니다. 이런 저를 예수님의 사랑으로 품어 주고 따뜻하게 감싸 주신 목사님이 안 계셨더라면 저는 아직까지 예수님 없이 불교 신자로 살고 있었을지도 모릅니다.

그래서 저는 교회에 다니면서도 얄밉게 말하는 새가족이나 삐질삐질하고 모든 것을 삐딱하게만 보는 믿음이 약한 지체들을 미워할 수가 없습니다. 인내하며 기다려 주는 것이 곧 사랑이라는 것을 배웠기 때문입니다. 예수님의 눈으로 바라보면 삐딱함도 사랑스러워 보입니다. 하지만 사람을 나쁘게 보기 시작하면 끝도 없이 진짜로 나쁘게만 보입니다.

밉게 보면 잡초 아닌 풀이 없고

곱게 보면 꽃 아닌 사람이 없으되

내가 잡초되기 싫으니

그대를 꽃으로 볼 일이로다

털려고 들면 먼지 없는 이 없고

덮으려고 들면 못 덮을 허물 없으되

누구의 눈에 들기는 힘들어도

그 눈 밖에 나기는 한 순간이더라

이채 시인의 〈마음이 아름다우니 세상이 아름다워라〉라는 시의 일부분입니다. 사람이 미워질 때마다 이 시를 다시 읽어 봅니다. 정말이런 사랑스러운 눈으로 새가족을 바라보고 인내하며 기다려 주는것이 필요한 것 같습니다.

"미움은 다툼을 일으켜도 사랑은 모든 허물을 가리느니라"(잠 10:12).

성경 말씀과도 일맥상통하는 마음입니다. 또한 그리스도의 향기로서 세상을 아름답게 변화시켜야 한다는 말씀이 떠오릅니다.

"우리는 구원 받는 자들에게나 망하는 자들에게나 하나님

앞에서 그리스도의 향기니"_(고후 2:15).

아름다운 시처럼 지혜로 가득 찬 하나님의 말씀처럼 새가족과 믿음이 약한 지체들을 위하여 아름다운 향기가 됩시다. 사랑으로 모든 허물을 감싸며 세상을 아름답게 만드는 진짜 그리스도의 향기로 살도록 나를 부르신 하나님께 감사드립니다.

진짜 가족으로
맞이하세요

"두 사람이 한 사람보다 나음은 그들이 수고함으로 좋은
상을 얻을 것임이라 혹시 그들이 넘어지면 하나가 그 동무
를 붙들어 일으키려니와 홀로 있어 넘어지고 붙들어 일으
킬 자가 없는 자에게는 화가 있으리라 또 두 사람이 함께
누우면 따뜻하거니와 한 사람이면 어찌 따뜻하랴 한 사람
이면 패하겠거니와 두 사람이면 맞설 수 있나니 세 겹 줄
은 쉽게 끊어지지 아니하느니라"(전 4:9-12).

저는 이 말씀을 무척 좋아합니다. 좋아해도 진짜 너무 좋아합니다. 특히 세 겹 줄은 끊어지지 않는다는 말씀을 좋아합니다. 협력이 얼마나 중요하고 큰 힘을 발휘하는지 확실히 알 수 있습니다.

세 겹 줄이 강하다는 건 '빠져나갈 틈을 안 준다, 새어 나가는 구멍을 다 막아 버린다'라는 뜻이라고 생각합니다.

2002년 월드컵의 영웅 히딩크 감독이 두세 명의 수비수가 공격수 한 명을 집중 마크하게 하고 공격수도 수비에 가담하라고 했던 것처럼 말입니다.

새가족은 보통 친구를 따라오는 경우가 많은데 일단 교회에 오면 자기를 데려왔던 친구는 일단 제쳐놓습니다. 친구니까 챙겨 주는 건 당연한 거고 교회의 다른 사람들이 어떻게 대해 주는지가 눈에 들어오는 것입니다. 그래서 모두가 다 잘해야 합니다. 새가족을 데려온 친구한테만 돌보는 책임을 맡기는 공동체만큼 나쁜 공동체도 없는 것 같습니다.

이런 경우에는 주위에 겹겹이 막을 쳐주는 것이 좋습니다. 먼저 새가족을 인도해 온 친구에게 이제부터가 진짜로 중요하니까 더욱 기도하면서 관심을 기울이라고 말해 줍니다. 그리고 우리 공동체의 경우에 새가족 도우미라는 역할이 있는데 보통 동성끼리 붙여 줍니다. 또 새가족이 속하게 될 '사랑'의 사랑장이 챙겨 줍니다. 그리고 '사랑'을 품고 있는 마을의 마을장이 챙겨 주고, 그 마을을 품고 있는 간사인 제가 관심을 가지고 돌보는 것입니다. 여기서 끝나는 것이 아니라 대학부 전임 간사가 두 분 계신데 이 분들도 한 번씩 연락하며 챙겨 주고 두 분의 담당 목사님께서도 챙겨 주십니다.

이처럼 새가족이 오면 빠져나갈 틈을 주지 않고 겹겹이 에워싸도록 만듭니다. 새어 나갈 틈조차 주지 않습니다. 물론 거부감을 느낄 정도로 부담감을 주어서는 안 되지요. 단지 많은 사람들로부터 진심 어린 따뜻한 마음을 느끼고 환영받고 있다는 행복감을 느끼게끔 만들어 주는 것입니다. 그리고 교회 생활에 잘 적응할 수 있도록 얼마든지 도울 자세가 되어 있다는 것을 보여 주는 것입니다. 새가족의 마음이 조금씩 열리면서 점점 더 큰 감동을 받게 됩니다.

TV 인기 프로그램 〈1박 2일〉의 막내 멤버인 주원은 출연 제의를 받고 처음에는 배우가 오락프로그램에 고정으로 출연하는 것에 대해 많이 망설였다고 합니다. 그런데 결국 합류하기로 결심할 수 있었던 것은 이 프로그램을 통해 여러 형님을 얻게 될 것이라는 기대 때문이었다고 고백하는 것을 들었습니다.

이처럼 우리도 새가족에게 좋은 오빠, 형, 누나, 언니가 되어 주는 것입니다. 특히 리더들이 힘을 합쳐야 합니다. 때때로 좋은 친구가 되어 주며 인생의 소중한 인연으로 이어져 나가길 바라십시오. 비록 실제 핏줄은 아니지만 예수님 안에서 한 형제자매가 되었다는 사실을 알려 주며 친형제자매 이상으로 따뜻하게 돌봐 주십시오.

새가족은 교회 생활에 관련된 지식은 없을지언정 지체들의 말과 행동을 보고 마음은 금세 알아봅니다. 성경 말씀이 낯설기만 하고 기도가 뭔지 몰라서 남들 기도할 때 눈뜨고 멀뚱멀뚱 쳐다보는 한이 있어도 지체들의 마음만큼은 알아차릴 수 있습니다.

어떤 새가족 자매가 제게 이런 말을 했을 때 정말로 감사해서 눈물이 왈칵 쏟아질 뻔했습니다.

"간사님, 저는 위로 오빠나 언니가 없어서 늘 외롭고 한 명쯤 있었으면 좋겠다고 바라곤 했었는데 교회에 오니까 다른 건 몰라도 친언니, 친오빠 이상으로 좋은 분들을 많이 만나서 행복하고 진짜 좋아요."

이런 고백 위에 말씀의 씨앗을 잘 뿌리면 백이면 백 성공합니다. "믿음은 들음에서 나며 들음은 그리스도의 말씀으로 말미암았느니라"(롬 10:17)는 말씀처럼 말씀의 씨앗을 잘 자라게 하시는 분은 바로 하나님 아버지이시기 때문입니다.

모세를 키운 어머니 요게벳의 마음으로 새가족을 품는 리더와 새가족 도우미, 지체들이 있으면 정착의 90%는 달성했다고 해도 무방합니다. 실제로 어머니처럼 따뜻한 마음을 가진 리더들이 많은 공동체의 새가족 정착률을 보면 늘 80~90%였습니다.

새가족을 '가족처럼'이 아니라 '진짜 가족'으로 맞이하고 돌봐 주십시오.

Chapter 2

더불어 부흥법

....

결핍이 오히려 부흥의 비결이 될 수 있어요

제가 처음 맡았던 마을은 교회에 출석한 지 한 달이 채 안 된 새가족 세 명과 제가 세운 리더 세 명이 전부였습니다. 저를 포함한 일곱 명이 한 마을이 되어 시작했습니다.

리더로 세운 세 명은 고등부에서 올라올 아이들을 맡길 수 있는 스무 살 자매 한 명과 청년부로 올라가기로 되어 있던 제 동갑내기 친구 한 명과 저보다 한 살 어린 여동생 한 명이었습니다. 저는 간사가 되었고 한 살 어린 여동생은 부간사, 제 동갑내기 친구는 마을의 팀장이 되었고 스무 살 대학부 자매는 사랑장이 되어 세 명의 새가족들을 섬겼습니다.

제가 처음 꾸리는 마을의 리더가 된다고 해서 어떤 혜택이 있는 것도 아닌데 저의 제안에 선뜻 응해 준 세 명의 리더들을 생각하면 지금까지도 감사한 마음이 가시질 않습니다.

우리는 기도하며 정말로 열심히 섬겼고 그 결과 불과 3개월 만에 일곱 명에서 팔십 명이 넘는 마을로 대부흥을 이뤘습니다. 보통 한 마을에 이십에서 삼십오 명 정도 있는데 3개월도 채 안 되어 대학부를 통틀어서 가장 규모가 큰 마을이 된 것입니다.

물론 인원만 많다고 좋은 마을이 되는 것은 아닙니다. 그런데 감사하게도 서로 유기적인 관계를 맺고 활기찬 분위기 속에서 서로가 서로를 무척 반기는 사랑 넘치는 마을이 되게 해주셨습니다.

"병호 형네 마을이 억수로 부럽데이. 행복한 마을 아이가!"

여기저기서 부러워하는 소리가 들릴 정도로 행복하게 부흥했습니다. 어찌나 감사하고 또 감사한지 모릅니다. 그 뒤로도 하나님이 우리 마을에 새가족을 더하시고 계속 부흥시켜 주셔서 몇 번에 걸쳐서 분가를 했는데 주체할 수 없을 정도로 은혜가 넘쳤습니다.

이렇게 마을이 부흥하기 시작하자 처음에는 제가 간사를 맡았다고 염려하셨던 부목사님도 "병호야, 난 니가 이렇게 잘할 줄 알았어. 축하해" 하며 등을 두드려 주셨습니다.

전적으로 제가 한 게 아니란 것을 압니다. 성령님이 함께하셨고 리더들이 기도하며 열정적으로 섬겨 주었고 마을원들이 잘 따라 준 덕분입니다. 믿고 지켜봐 주셨던 목사님과 영광스런 경험을 하게 해주신 하나님께 감사드릴 따름입니다.

그리고 감사드릴 것이 한 가지 더 있습니다. 첫 마을을 함께 시작했던 제 친구와 저보다 한 살 어린 자매가 결혼했거든요. 제가 둘이 잘 어울린다고 한번 잘해 보라고 할 때는 그렇게 손사래 치며 도망가던 친구들이 진짜로 결혼했습니다.

이때부터 중매의 은사가 시작되었는지 지금까지 여러 쌍을 결혼으로 이어 주었습니다.

전도는 양육까지!

여호수아를 준비시키는
모세가 되세요

2080법칙(20-80 rule)이라고 들어보셨나요? 이 법칙은 어느 집단이든지 20%의 사람들이 나머지 80%의 사람들을 이끈다는 말입니다. 한마디로 20%가 그 집단의 주축이 된다는 뜻이지요. 저는 이 법칙이 참이라고 생각합니다.

새가족 돌보기만큼 리더 양육에도 최선을 다했습니다. 사람을 키우는 것이 가장 크고 귀한 것임을 알기 때문입니다.

사랑의 적정 인원에 대해 고민해 본 적이 있습니다. 예수님의 제자 열두 명을 모델로 한 사랑에 열두 명까지 묶어 보려고 해봤지만 무척 힘들었습니다. 여러 사랑장들을 관찰해 보니 서너 명은 여유로웠고 여덟 명 이상이 되면 버거워했습니다. 결과적으로 사람마다 약간씩 차이가 있지만 사랑장 한 명이 다섯에서 일곱 명 정도 관리했을 때 최상의 모습을 보였습니다. 서로 만족도가 가장 높았던 것 같습니다.

주로 금요일에 리더 모임을 가졌는데 저는 제가 사랑장이었을 때부터 다른 마을들의 리더들을 유심히 관찰하곤 했습니다. 그랬더니 리더들의 수만 봐도 그 마을의 전체 인원수를 대략 파악할 수 있었습니다. 리더 세 명이 모인 마을은 사랑당 평균 인원수 5를 곱해서 대략 열다섯 명 전후가 되겠고, 리더가 다섯 명이면 역시 5를 곱해서 스물다섯 명 정도 되겠구나 하고 생각했습니다. 실제로 제 계산법이 얼추 맞아 들어간다는 것을 확인할 수 있었습니다.

'아, 리더 한 명이 온전하게 서면 다섯에서 일곱 명의 영혼들을 품을 수 있겠구나! 그러니까 마을을 부흥시키기 위해서는 먼저 리더를 확실히 키워서 세우면 되겠다!'

이런 결론에 도달한 저는 사랑장들에게 자기의 뒤를 이어 사랑장이 될 인물들을 키우라고 요청했습니다.

모세의 위대함 중 하나가 여호수아라는 후계자를 남긴 것이 아니겠습니까? 모세는 여호수아를 남겼고 엘리야는 엘리사를 남겼습니다. 이들은 사람을 남김으로써 더 위대한 사람이 되었습니다.

한때 대한민국 축구계에서 '좌영표 우지성'이란 말이 유행한 적이 있습니다. 이처럼 사랑장도 왼쪽, 오른쪽에 한 명씩 자신의 뒤를 이어 사랑장이 될 후계자들을 데리고 다니도록 했습니다.

저는 말보다는 직접 눈으로 보고 배우는 것이 제일이라고 믿습니다. 그래서 사랑장들에게 무조건 후계자들을 데리고 교회로 오라고 했습니다. 새벽 기도든 수요 예배든 금요 철야 예배든 리더 모임이든 같이 와서 은혜 받으라고 했습니다. 그리고 백문이 불여일견(百聞而不如一見)이라는 말처럼 리더가 어떻게 행동하고 말해야 하는지 직접 보여 주라고 했습니다. 꼭 보여 주기 위해서만은 아니지만 그렇게 함으로써 리더들 스스로 말과 행동을 조심하게 됐고 더 열심히 열정적으로 신앙생활을 할 수밖에 없었습니다.

제 경험상으로도 제가 새벽 기도와 금요 철야 예배에 나와야 마을 아이들도 나옵니다. 최고참 리더가 나오지 않는데 어느 사랑장이 사랑원들을 데리고 나올 수 있겠습니까? 리더가 스스로 참여하지 않으면서 다른 사람에게 참여하라고 권할 수는 없습니다. 이것은 모든 리더들의 마음일 것입니다.

이렇게 사랑장들이 스스로 모세가 되어 후계자 여호수아를 키우기 시작했습니다. 후계자 없이 리더 모임에 참석한 리더들은 "아이고! 내 여호수아야, 보고 싶다!" 하고 볼멘소리를 하며 외로워했습니다.

제가 맡은 마을마다 몇 배의 부흥을 경험하고 분가를 많이 시켰는데 그 비결은 딱 한 가지, '리더의 뒤를 이을 후계자 여호수아를 만드는 것'이었습니다.

새가족은 맞춤형으로
섬겨 주세요

몇 년 전부터 오디션 프로그램이 인기를 끌고 있는데 그중에서도 가장 제 눈길을 끈 것은 SBS TV의 〈K팝 스타〉입니다. 참가자는 SM, YG, JYP라는 대한민국 대표 기획사에 각각 캐스팅되어 짧게는 며칠, 길게는 몇 주 동안 전문가의 맞춤형 관리를 받게 됩니다. 짧은 시간 동안 관리를 받는데도 불구하고 실력이 엄청나게 발전하는 걸 보면 맞춤형 관리가 참으로 중요하다는 생각을 하게 됩니다.

저는 사랑을 편성할 때마다 신경을 아주 많이 썼습니다. 리더들과 함께 둘러앉아서 기도하고 충분히 대화를 나누면서 사랑 편성을 합니다. 이때 무엇보다도 가장 염두에 두는 것은 사랑장과 사랑원과의 관계입니다.

'이 사랑장이 저 사랑원을 잘 품을 수 있을까? 서로 스타일이 맞을까?'

진지하게 고민하며 의논합니다.

보통 새가족이 처음 등록하면 두 가지 방법으로 사랑에 편성시키게 됩니다. 첫째는 새가족 사랑을 따로 두어 관리하면서 짧게는 4주, 길게는 6주까지 적응 기간을 거치게 합니다. 그 다음에 기존의 사랑 중에서 적당한 곳에 보내게 됩니다.

둘째는 기존의 사랑에 바로 편성하는 것입니다. 새가족 교육은 따로 받더라도 교육이 끝나고 나면 앞서 편성되었던 사랑으로 바로 보냅니다. 주로 새가족의 지인이 있는 사랑이나 그가 잘 적응할 수 있을 것 같은 사랑장과 사랑원들이 있는 곳으로 보냅니다.

두 가지가 각각 장단점이 있기 때문에 리더들과 상의해서 결정을 내립니다. 저는 개인적으로는 두 번째 방법을 선호하는 편입니다. 새가족 교육은 따로 진행하면서 아는 사람, 특히 새가족을 전도한 친구가 있는 사랑으로 편성해 주었을 때 가장 잘 적응하고 잘 정착하기 때문입니다. 아무래도 친구가 있으니 더 빨리 안정을 찾을 수 있고 새가족 교육이 끝난 뒤에 다시 만나더라도 서먹할 일이 별로 없다는 장점이 있습니다.

〈K팝 스타〉에서 각 기획사가 맞춤형 관리를 통해 참가자의 장단점을 찾아서 보완해 주고 나쁜 습관은 꼭 고치도록 하는 것처럼 새가족에 대한 맞춤형 관리도 마찬가지입니다. 잘 파악하여 가장 도움을 줄 수 있는 사랑을 찾아 편성하고 필요한 도움을 받을 수 있는 지체들을 만날 수 있도록 주선해 주어야 합니다. 그래야 큰 무리 없이 공동체에 잘 정착시킬 수 있습니다.

리더의 조건은
능력이 아니라 사랑이에요

리더를 세우는 저만의 원칙이 있습니다. 결코 독단적으로 정하는 법이 없습니다. 리더들과 함께 기도하며 지혜를 구하고 충분한 대화를 통해 리더를 세우고 새로운 사랑을 편성합니다. 제 원칙이 그리 거창한 것은 아닙니다. 우선 매사에 긍정적이어야 합니다. 그리고 부족하더라도 주님께 기도로 매달리는 열심이 있어야 합니다.

스스로 자신의 부족함을 아는 지체들은 하나님께 매달릴 줄 압니다. 게다가 열심히 노력하는 모습까지 갖추었다면 얼마나 기특해 보이는지 모릅니다. 어떤 친구는 리더 모임을 할 때 목사님과 간사인 제가 하는 말을 귀담아 듣고 그대로 실천하려고 노력하고 심지어는 농담까지도 그대로 받아 적어서 사랑 모임에서 써먹지를 않나, 말투까지도 따라합니다.

겉으로 봤을 때는 분명히 뭔가 모자란 것 같은데 유심히 지켜보면 성령의 기름 부으심이 있는 따뜻하고 사랑이 넘치는 사랑 모임을 이끌고 있는 것을 볼 수 있습니다. 그 사랑에 속한 사랑원들의 믿음이 성장하는 모습을 보면 확신할 수 있습니다. 이런 리더들에게는 자신의 장점을 최대한 살리라고 하고 단점은 드러나지 않게 절제하도록 조언해 줍니다. 그리고 그의 단점을 보완해 줄 수 있는 지체들을 옆에 붙여 줍니다.

반대로 리더로 절대 세우지 않는 사람들의 유형이 있습니다. 학벌이 좋다고 해서 무조건 리더로 세우지 않고, 혼자 잘났다고 날뛰는 사람도 절대 세우지 않습니다. 세상에 완벽한 사람은 없을뿐더러 혼자 잘났다고 알아서 하다가 결국 죽만 쑤는 경우를 많이 봐왔기 때문입니다. 독단적으로 행동하는 사람은 개인의 신앙이 아무리 좋아도 리더로서는 적합하지 않다고 생각합니다. 팀 사역이기 때문이죠.

그리고 또 무슨 일만 생기면 잠수 타는 스타일도 세우지 않습니다. 상태가 좋을 때는 믿음이 있어 보이지만 진짜 믿음은 무슨 일이 생겼을 때 나타납니다. 잠수 타는 리더가 얼마나 견디기 힘든지… 굳이 말 안 해도 아시죠?

또 제가 절대로 뽑지 않는 리더 스타일이 있는데 바로 부정적인 사람과 남에 대해 안 좋은 얘기를 여기저기 하고 다니는 사람입니다.

아무리 성경 지식이 많고 학벌이 좋고 기도를 많이 한다고 해도, 새벽 기도와 금요 철야 예배에 빠지지 않고 모든 교회 모임에 열심히 나온다고 해도 이런 사람들은 절대로 리더로 세우지 않습니다.

겉으로 보기에는 완벽한 리더감인데 왜 리더로 세우지 않느냐고 의아해 하며 마을 리더들이 물은 적이 있습니다. 능력 있고 학벌 좋고 성경 지식도 많고 예배와 모든 모임에 다 참석하니 믿음이 좋아 보이는데 당연히 리더감으로 보이겠지요.

그런데 한번은 매사에 부정적인 지체를 리더로 세운 적이 있는데 그 사랑 전체가 부정적으로 물들어 가는 모습을 본 뒤로는 절대로 타협하지 않는 원칙이 되었습니다.

다른 건 몰라도 그런 지체가 리더로 서면 부정적인 생각과 남을 비판하는 태도가 그대로 내려가는 것을 봤습니다. 마치 부모의 습관이 자녀에게 그대로 전달되는 것처럼요.

그래서 조금 모자라고 어설퍼도 하나님의 도우심만 바라보며 기도하는 사람, 열심을 품고 섬기려는 자세가 되어 있는 사람을 리더로 세워야 한다는 생각이 더더욱 확고해집니다.

부정적인 생각은 암세포와도 같습니다. 부정적인 리더가 내뱉은 한마디를 새가족이 그대로 받아들이면 그것처럼 심각한 암세포가 없습니다. 금세 주위를 초토화하고 맙니다.

믿음이 없으면 부정적이 됩니다. 마음속에 교만이 있으면 남을 비판하게 됩니다. 그래서 주위 사람들이 아픕니다. 공동체에 필요한 것은 따뜻한 사랑인데 말입니다.

매사에 부정적이었던 지체가 자신이 왜 리더로 세워지지 않는지 주위 사람들을 통해 듣게 되었다고 합니다. 그런데 나중에 보니 멋진 리더로 성장해서 훌륭한 사랑장으로 섬기고 있었습니다. 물론 부정적인 생각과 남을 비판하는 습관은 없어졌다고 합니다. 기특하기도 하고 마음이 뿌듯했습니다. 무엇보다 제 마음의 짐을 덜어 낸 것 같아 행복했습니다. 진심으로 그를 축복하며 기도했습니다.

10년이 넘는 시간 동안 대학부, 청년부 리더로 섬기면서 수백, 수천 명의 리더들을 봐왔습니다. 그럼에도 불구하고 제 원칙에는 변함이 없습니다. 시간이 지날수록 확신이 더해집니다. 조금 부족해 보여도 하나님께 붙어서 기도하고 자신의 열심과 열정으로 사랑원들을 이해하고 섬기려는 리더가 있는 사랑들이 하나같이 다 부흥하며 믿음이 성장하는 걸 보았기 때문입니다.

블랙홀을 없애는 것도
사랑이에요

새가족이 등록하면 4주간의 교육을 마치고 즉시 사랑에 배치됩니다. 친구를 통해 왔으면 친구가 있는 사랑으로 가게 되지만 제가 전도했거나 스스로 온 지체의 경우는 어느 사랑으로 배치할지 고민합니다.

무조건 인원이 부족한 곳에 보내면 될 것 같지만 새가족의 입장에서 생각해야 합니다. 나이와 성격 등 특성을 고려해서 적합한 사랑에 보내 주어야 잘 정착할 수 있기 때문입니다.

그런데 신기한 것은 공동체 안에 '빈익빈 부익부'가 있다는 것입니다. 새가족을 소위 잘 안 나가는 사랑에 보내면 한두 번 나오다가 결국 떠나 버리는 일이 많았습니다. 그런데 잘 나가는 사랑에 보내면 쉽게 정착하는 것이었습니다. 교회 오는 게 재미있다며 진작 올 걸 그랬다고까지 말하는 새가족도 있었습니다.

이 문제를 놓고 리더들과 심각하게 이야기를 나누었습니다. 잘 안 되는 사랑이 노력을 안 하는 건 아니기 때문에 어떻게 해서든 세워 줘야 할 텐데, 그렇다고 새가족이 계속 도망가게 버려둘 수는 없고…. 기도하며 충분히 의견을 나눈 결과, 당장은 아프더라도 서로의 발전과 새가족의 정착을 위해 잘 안 되는 사랑을 잠정적으로라도 해체하자는 결론에 도달했습니다.

새가족이 정착하지 못하고 빠져나가게 되는 사랑을 '블랙홀'이라고 부릅니다. 블랙홀 사랑이 나타나면 함께 기도하고 최대한 도와주면서 딱 한 달간 지켜보는 시간을 갖기로 했습니다. 한 달이 넘었는데도 마음이 약해서 그대로 내버려 두면 새가족은 새가족대로 떠나고 그 사랑원들이 전부 깊은 침체에 빠지는 것을 봤기 때문입니다.

한 달의 유예 기간이 지났지만 여전히 개선의 여지가 보이지 않으면 그 블랙홀 사랑은 해체하여 사랑원들을 두세 사랑으로 나눠서 재편성해 주었습니다. 누구보다도 마음이 무거울 사랑장에게 상처가 되지 않도록 간사인 저와 다른 리더들이 돌보아 주었습니다. 충분히 휴식을 취하고 다시 뛸 수 있도록 위로하고 회복하도록 돕는 것입니다.

무엇보다도 사전에 블랙홀 사랑이 생기지 않도록 하는 것이 중요합니다. 블랙홀 사랑에 대한 책임은 전체적인 그림을 잘 못 그리고 세심하게 돌보지 못한 간사인 제게 있다고 생각하고 뼈저리게 반성했습니다. 그 결과 제가 간사로 있는 동안에는 딱 한 번 그런 아픔을 치르는 데 그쳤습니다.

비록 아픈 결정이지만 공동체 전체의 유익을 위해서 필요한 일이었습니다. 때로는 아픔도 사랑이 됩니다.

순종하면 카리스마가
생겨요

　20대 중반부터 약 5년 동안 대학부 간사로 있으면서 마을 이름을 한두 해마다 바꾸곤 했습니다. '순수 마을', '미녀와 착한 야수 마을', '짱 멋진 마을', '따뜻한 마을'입니다.

　'미녀와 착한 야수'는 새가족 한 명을 위해서 '순수'에서 이름을 바꾼 것이었고, '짱 멋진'은 새가족 아이들이 "간사님, 우리 마을 짱 멋져요! 우리 마을 진짜 짱이에요"라는 말을 하도 많이 해서 말 그대로 언제나 '짱 멋진' 마을이 되자는 뜻에서 지은 이름입니다. 그리고 '따뜻한'은 한 해가 끝나갈 무렵 일 년 동안 느꼈던 점을 나누는 자리에서 "우리 마을이 따뜻하고 포근한 마을이어서 좋았고 감사했다"는 말에서 힌트를 얻어 지은 이름입니다. 앞으로도 하나님의 축복으로 모든 지체들이 은혜를 받아 서로를 섬기며 따뜻함이 넘치는 마을이 되자는 의미로요.

간사로 섬기는 동안 해마다 폭발적으로 부흥할 정도로 왜 그렇게 복을 많이 주셨는지 새삼 감사드리지 않을 수가 없습니다. 마을 부흥을 위해 제가 어떤 노력을 했다면 멋지게 뽐내고 싶은데 정말 딱히 이렇다 할 게 없네요. 아무리 생각해도 제가 한 일이라고는 그저 힘을 쭉 빼고 하나님 하시는 일을 기쁜 마음으로 지켜보며 감격하고 감사한 일밖에는 없는 것 같습니다. 이것이 바로 은혜가 아닐까요?

그러나 부흥할 수밖에 없었던 이유는 있습니다. 그중 하나가 부족한 저를 섬겨 주며 순종한 리더들이 있었다는 것입니다.

로마제국 시대에 백부장은 천부장에게 순종함으로써 백부장으로서의 정당한 권한을 부여받았다고 합니다. 그 권한으로 오십부장과 십부장들을 지휘할 수 있었습니다. 만약에 백부장이 천부장에게 순종하지 않고 섬기지 않으면 오십부장, 십부장도 백부장의 말을 들을 이유가 없습니다.

제가 100명이 조금 넘는 부서를 섬겼으니 백부장이라고 한다면 천여 명의 대학부를 품으셨던 목사님은 천부장이라고 할 수 있겠지요. 제가 한 일이라곤 백부장으로서 천부장께 기쁜 마음으로 순종하고 따랐던 것밖에는 없습니다. 그 덕분에 오십부장인 마을장들과 십부장인 사랑장들이 제게 순종해 주었고 그로 말미암아 엄청난 부흥을 경험할 수 있었던 것입니다.

제가 목사님의 말씀이라면 무엇이든지 "아, 네. 알겠습니다. 그렇게 하겠습니다"라고 즉각 순종했더니 이 모습을 본 마을장들이 그대로 보고 배웠습니다. 마을장들이 제게 거의 절대적인 순종을 보여 주었습니다. 하나님이 세우신 리더들인데 그들에게 분에 넘치는 섬김을 받았으니 황송할 따름입니다.

3박 4일의 대학부 수련회 일정이 잡히면 각 사랑장들이 사랑원들의 참석 여부를 파악하는데 만약에 못 간다는 지체가 있으면 일단 사랑장이 설득하다가 그래도 못 가겠고 하면 제게 넘기곤 했습니다.

"하루나 이틀도 참석 못한다는 말이지? 에구, 그람 내는 모른데이. 병호 간사님한테 니가 직접 못 간다고 말씀드리래이."

그러면 사랑원들이 질색하면서 손사래를 친답니다.

"뭐, 뭐라꼬요? 병호 간사님한테 직접 말해야 한다고요? 아, 무서운데. 그냥 가께요. 가면 되잖아요. 한 이틀 정도 가믄 뭐라 안 카시겠죠?"

이런 식의 대화가 오가는데, 그건 우리 마을장들이 저를 아주 무서운 간사로 이미지메이킹 해놓았기 때문입니다. 그래서 싫었느냐고요? 아닙니다. 오히려 좋았습니다. 카리스마 있는 간사로 만들어 주었다는 뜻이니까요.

제가 마을 리더들에게 한 약속이 있었습니다. 악역은 제가 맡을 테니 사랑장들과 모든 리더들은 사랑원들을 잘 품고 섬기며 그냥 따뜻한 사랑만 주라고 했습니다. 하기 어려운 말이나 힘든 일은 간사인 제게 맡기라고 한 것입니다. 어차피 사랑원들과 직접적으로 부딪히고 상대하는 것은 제가 아니라 사랑장과 리더들이기 때문입니다.

엄밀히 말해서 제 역할은 리더들을 섬기며 부서 전체를 아우르는 일입니다. 그러니 제가 섬기는 마을 리더들이 어려움에 처하지 않도록 제가 나서서 악역을 맡는 것입니다. 사랑원들에게 엄한 소리를 해 주는 게 제가 리더들을 돕는 것이라고 생각했습니다.

사랑원들은 마을의 모든 리더가 간사인 제게 이상하리만큼 절대 순종하는 것을 보며 많이 놀랐다고 합니다. '사랑장들이 저렇게 잘 따르고 무조건 순종하는 걸 보면 저 간사님이 대단한 사람인가 보네' 하고 생각한 것입니다. 그래서 붙여진 제 별명이 '최게바라', '최일성', '최정일'이었습니다. 사랑원들 눈에는 제가 절대 권력자처럼 보였던 것입니다.

거의 독재자 수준으로 마을을 다스렸는데도 불구하고 마을 사랑원들이 "우리 간사님이 제일 멋지다! 하늘같은 병호 간사님 지나가시는데 길을 비켜라!" 하면서 저를 좋아해 주고 따라주어서 감사할 따름입니다. 이러니 제가 어떻게 마을 사랑원들을 위해서 기도를 하지 않을 수가 있겠습니까? 하고말고요! 매일 제 기도는 안 해도 마을 리더들과 사랑원들을 위해서는 꼭 기도했습니다.

초장이 되려 하지 말고
목자가 되세요

　공동체를 섬기는 목자로서의 역할로 제가 할 일은 딱 하나, 좋은 목자가 양 떼를 푸른 초장에 누이고 깨끗한 물가로 인도하듯이 저 또한 마을의 사랑원들을 은혜 받을 수 있는 자리로 데려가는 것이라고 생각합니다. 이것이 간사인 제가 목숨 걸고 해야 하는 거의 유일한 일이라고 확신했습니다.

　"내게서 무슨 선한 것이 나올 수 있겠어. 내가 나를 잘 아는데, 내가 스스로 푸른 풀과 맑고 깨끗한 물을 내어 줄 수 없어. 그래, 풀과 물이 있는 곳으로 아이들을 데려다 주면 돼."

푸른 초장에 누인 양 떼는 아무 걱정 근심 없이 풀을 잘 뜯어 먹습니다. 먹기 좋은 물가로 인도된 양들은 시원하게 물을 마시겠지요. 목자는 그저 양들이 다른 곳으로 이탈하지 않도록 막아 주고, 사자나 늑대 같은 포식자들이 다가오지는 않는지 주위를 살피다가 공격해 오면 멋지게 물리쳐 주면 됩니다.

저 또한 마찬가지라고 생각합니다. 간사로서 제가 뭘 어떻게 해보겠다고 나서 본 적이 한 번도 없습니다. 제게 맡겨진 아이들을 은혜받는 자리에 노출시켜 주면 자기들이 알아서 하나님께 은혜받고 축복받습니다. 양들이 풀과 물을 맛있게 먹고 포동포동 살이 찌듯이 아이들은 말씀과 기도를 통해 믿음이 자라고 예수님 성품을 닮아 가게 되는 것입니다.

> "여호와는 나의 목자시니 내게 부족함이 없으리로다 그가
> 나를 푸른 풀밭에 누이시며 쉴 만한 물 가로 인도하시는도
> 다 내 영혼을 소생시키시고 자기 이름을 위하여 의의 길로
> 인도하시는도다"(시 23:1-3).

좋은 목자는 푸른 초장과 쉴 만한 물가가 어디에 있는지 항상 파악하고 있어야 합니다. 다른 목자들에게서 정보를 얻고 직접 찾아가서 눈으로 확인하며 자기 양 떼에게 적합한지 판단할 것입니다.

마찬가지로 저는 간사로서 어디에 가면 은혜를 받을 수 있는지 항상 파악하고 있어야 합니다. 그리고 마을의 지체들에게 저마다 필요

한 프로그램을 찾아 권합니다.

그러나 무엇보다도 가장 중요한 것은 예배입니다. 예배의 자리에 빠진다면 어떤 프로그램이나 어떤 찬양 집회에 참석하더라도 아무 소용이 없습니다. 예배는 기본이자 가장 중요한 초장이자 물가인 것입니다. 그래서 목숨을 걸고서라도 사랑원들이 예배의 자리에서 온전히 은혜 받을 수 있도록 지키고 돌봅니다.

사랑원이라면 좋은 목자가 인도해 주는 푸른 초장과 물가로 얼른 따라가십시오! 리더라면 예배의 자리, 은혜가 넘치는 자리로 사랑원들을 얼른 데리고 가십시오!

줄줄이 비엔나를 품은
새가족을 격려하세요

새가족은 대부분 친구를 따라옵니다. 그런데 재밌는 것은 교회 온 지 얼마 안 돼서 아직 예수님을 잘 모르고 말씀도 잘 이해하지 못하는 새가족을 따라오는 또다른 새가족이 있다는 사실입니다.

교회에 오래 다닌 지체들일수록 주변에 믿지 않는 친구들이 적을 수밖에 없습니다. 교회에서 보내는 시간이 많고 주로 교회 친구들과 교제하기 때문이죠. 그래서 전도하라고 하면 주위에 안 믿는 친구들이 거의 없어서 전도하기가 힘들다고 토로하곤 합니다. 그러니 예수님을 아직 잘 모르는 세상 친구들이 있다면 절대로 소홀히 여기지 마십시오. 늘 관심을 갖고 자주 연락하며 관계를 유지해야 합니다.

그런데 안 믿는 친구는 어디서 찾아볼 수 있을까요? 교회 다니는 지체가 더 많이 알고 있을까요, 아니면 교회에 다녀 본 적이 없는 새 가족이 더 많이 알고 있을까요? 당연히 새가족이 더 많이 알고 있을 것입니다. 바로 이거예요!

사실 새가족이 들어오면 제 눈에는 그가 한 사람으로 보이지 않습니다. 그 친구 뒤에 수십 명의 믿지 않는 친구들이 줄지어 서 있다는 것을 알고 있기 때문입니다. 그래서 앞으로 새가족 친구를 통해서 오게 될 또 다른 새가족들을 기대하게 됩니다. '친구 따라 강남 간다'는 말이 있는데 진짜 맞는 말 같습니다. 특히 중고등학생들과 대학생, 청년들에게는 더더욱 이 말이 맞는 것 같습니다.

제가 새가족 친구에게서 듣고 싶어 하는 말이 있는데 바로 이런 것입니다.

"간사님, 교회에 오니까 사람들이 잘 대해 주고 마음도 편안하고 참 좋네요. 목사님 말씀은 아직 잘 이해할 수는 없지만 찬양도 좋고. 아무튼 재밌고 좋아요."

이런 말을 들으면 그때를 놓치지 않고 바로 이렇게 말합니다.

"그래, ○○아. 교회 오니까 참 좋제? 진작 올 걸 하는 생각이 들고 말이야. 근데 니 혼자 교회 오려면 심심하지 않나? 이 좋은 걸 혼자 누리는 것도 아깝잖아. 그니까 니 주위에 교회 안 다니는 친한 친구들 많제? 개네들 중에서 교회 같이 다닐 친구들 좀 알아 봐라. 모르긴 몰라도 몇 명은 꼭 따라올걸."

이렇게 해서 새가족이 또 다른 새가족들을 많이 데리고 오니 마을이 부흥할 수밖에요. 우리는 그 친구들이 잘 정착할 수 있도록 돌보고 신경 써주기만 할 뿐입니다.

제 전공이 수학이다 보니 통계 내기를 좋아합니다. 1년을 돌아보며 새가족에 대해서 분석해 봤더니 원래 다녔던 친구들이 전도한 수나 새가족이 와서 전도한 수나 거의 비슷한 것을 알 수 있었습니다.

이렇게 새가족의 등 뒤에는 엄청나게 많은 또 다른 새가족들이 있습니다. 줄줄이 비엔나 아시죠? 하나를 잡아당기면 줄지어 쭉쭉 따라 나오는 소시지 말입니다. 제가 초등학교 때 가장 좋아했던 도시락 반찬입니다. 지금은 도시락 반찬 소시지보다 새가족 줄줄이 비엔나가 훨씬 더 좋습니다.

4차원끼리 모이게 해도
문제없어요

　꼭 어느 모임이든지 괴짜가 한두 명씩 있게 마련입니다. 사랑에 괴짜 사랑원이 들어오면 어떤 사랑장은 농담이나 어색한 유머도 잘 받아 주는데, 또 어떤 사랑장은 어떻게 대해야 할지 몰라 전전긍긍합니다.

　괴짜 친구일수록 다른 사랑원들과 함께 잘 감싸 주고 보듬어 주라고 조언하기는 하지만 다행히 온 사랑원들이 뭉쳐서 잘 대해 주는 사랑이 있는가 하면 사랑장 혼자 고군분투하는 사랑도 있습니다. 괴짜 때문에 힘들어 하는 사랑에서는 서로 불만을 갖게 됩니다. 괴짜는 다른 사랑원들이 못마땅하고 사랑원들은 괴짜가 불편하기만 합니다.

이 문제를 놓고 리더들과 상의한 끝에 아예 괴짜들만 따로 모아서 한 사랑을 만들기로 했습니다. 결국 부서 전체를 개편할 즈음에 맞춰서 한 사랑을 만들었습니다. 대부분의 리더들이 괴짜들만 모아놓겠다니 너무 무모한 것 아니냐고 염려했습니다.

하지만 저는 어느 정도 확신이 있었습니다. 괴짜 사랑원들을 감당할 수 있는 더 대단한 괴짜 사랑장을 붙여 주면 된다고 생각했기 때문입니다. 물론 그럴 만한 괴짜 사랑장이 있었습니다. 웬만한 괴짜들을 한순간에 평정시킬 막강 괴짜였거든요. 그래서 막강 괴짜 사랑장에게 든든한 오른팔이 되어 줄 괴짜 사랑원을 한 명 붙여서 하나의 사랑을 편성했습니다.

결과가 어땠느냐고요? 당연히 대성공이었습니다! 다른 사랑들은 괴짜 사랑원이 사라지니 평화로워졌고, 괴짜 사랑원들이 모인 사랑은 또 나름대로 순조롭게 잘 굴러갔습니다.

괴짜들만 모였다는데 과연 그 모임이 순조로웠을까 궁금하십니까? 의외로 평화롭게 잘 진행되었습니다. 왜냐면 막강 괴짜 사랑장이 보기에는 괴짜 사랑원들이 무슨 짓을 해도 사랑스러웠고 그래서 모든 걸 장난과 애교로 받아들일 수 있었기 때문입니다. 심지어는 괴짜 사랑원들이 제게 와서 이렇게 말하기까지 했습니다.

"간사님, 우리 사랑장님요 진짜 독특해요! 완전 4차원이에요."

"맞아요. 이 세상 사람이 아닌 것 같아요. ㅎㅎㅎ."

"근데요. 진짜 억수로 좋아요!"

유유상종(類類相從)! 비슷비슷한 사람들끼리 모이게 했더니 자기들끼리는 전혀 이상할 게 없었던 것입니다. 생각해 보면 저 또한 괴짜 친구들을 품어 주기는 했지만 솔직히 말해서 전적으로 이해해 주지는 못했던 것 같습니다. 그런데 막강 괴짜 사랑장은 보통 사람들은 받아들이기 힘든 괴짜들의 말과 행동을 자연스럽게 받아 줄 뿐만 아니라 이해해 주기까지 했던 것입니다.

기본적으로 사랑원들을 품어야 마땅하지만 간사의 입장에서는 버릇이 없거나 상식에 어긋난 행동을 하는 사랑원들은 따끔하게 혼내 주어야 합니다.

제가 미처 품지 못한 사랑원들을 사랑장들이 충분히 품어 주었기 때문에 부서 전체가 부흥할 수 있었습니다.

여우와 늑대를
조심하세요

　이단은 조심하고 또 조심해도 지나치지 않은 것 같습니다. 대학부에서는 이단에 정통하신 목사님을 1년에 한두 번씩은 꼭 모셔서 강의를 들었습니다. 요즘처럼 이단이 판치는 때에는 더 자주 들을수록 좋겠다는 생각입니다. 공동체 안에 이단이 한 명이라도 침투하면 그 피해는 이루 말할 수 없을 정도로 큽니다. 따라서 사전에 철저히 대비하여 주의를 기울이지 않으면 안 됩니다.

　제가 맡은 100여 명의 사랑원들 앞에서 이단을 경계하라는 얘기를 누누이 강조하고 각 사랑장들을 통해서 철저히 이단 대처 교육을 하기도 했습니다. 그렇게 철저히 대비하는 데도 불구하고 이단들의 교묘한 수법에 자신도 모르게 한순간에 훅 가 버리는 사랑원들의 이야기가 들려올 때면 가슴이 무너집니다.

대학가에서는 특히 3~4월을 조심해야 합니다. 캠퍼스의 낭만을 꿈꾸며 갓 입학한 새내기들을 노리는 손길이 많기 때문입니다.

한번은 이런 일이 있었습니다. 우리 부서의 한 형제가 겪었던 일입니다.

형제가 캠퍼스를 걷고 있는데 어떤 예쁜 자매가 교회에 다니느냐고 물었습니다. 다닌다고 대답하자 자매의 표정이 확 바뀌더니 갑자기 눈물을 흘리기 시작했습니다. 그러더니 미소 지으며 떨리는 목소리로 이렇게 말했습니다.

"어머나 형제님. 하나님이 형제님을 만나게 하시려고 지금까지 네 시간 동안 기다리게 하셨나 봐요. 흐흐흑."

순간 형제의 머릿속이 하얗게 되면서 그냥 넘어가 버렸습니다. 성경 공부를 하러 가자는 자매의 말에 혹해서 따라나선 형제는 문득 저의 얼굴이 떠올랐지만 그래도 이 자매는 그럴 사람이 아니라고 스스로를 설득했다고 합니다.

그런데 자매가 그만 성경책을 땅에 떨어뜨렸습니다. 형제가 허리를 굽혀 성경책을 줍다가 그 안에 새겨진 이니셜을 보았습니다. 교회에서 이단 교육을 받을 때 분명히 본 기억이 있는 문제의 이니셜이었습니다.

깜짝 놀란 형제는 그때에야 정신을 차리고 화장실에 가서 저에게 전화를 걸었고 자초지종을 들은 저는 당장 그곳을 빠져나오라고 말해 주었습니다. 그러나 그들이 혹시 해코지할지 모르니 아무런 티도 내지 말고 다음에 오겠다고 말하고 자연스럽게 빠져나오라고 덧붙였습니다.

형제는 저의 조언대로 자연스럽게 연기하고 무사히 빠져나올 수 있었습니다. 그동안 저는 무릎을 꿇고 장이 끊어지도록 형제를 위해서 기도했습니다.

살아서 돌아온 형제를 보자마자 얼마나 무섭게 혼냈는지 모릅니다. 마치 인신매매단에 붙잡혀 갔다가 극적으로 돌아온 내 새끼 같은 생각에 왈칵 눈물이 쏟아졌습니다. 형제는 다시는 그런 곳에 가지 않겠다고 약속하고 또 약속했습니다.

지금도 그때 생각을 하면 눈앞이 아찔합니다. 제가 그렇게 누누이 경계하라고 했건만 막상 닥치니 어이없이 속아 넘어간 것입니다.

평소에 가르치기를, 누가 길에서 교회 다니느냐고 물어서 다닌다고 대답하면 대개의 크리스천들은 출석 교회에 잘 다니라고 하며 그냥 보내 주지만, 이단의 경우는 반드시 환하게 웃으며 반길 것이라고 얘기해 주었습니다. 그리고 자기 교회에 가서 같이 성경 공부하자고 할 텐데 그러면 이단이 확실하다고 가르쳤습니다.

그랬더니 그날은 예쁜 자매가 웃는 대신에 눈물을 흘리니 형제가 그동안 배운 것과 조금 다르다고 정신이 혼미해진 것입니다. 그 다음

순서인 '우리 교회에 가서 성경 공부하자'는 말에 정신을 차렸어야 했는데 바보처럼 따라갔습니다.

항상 깨어 있어서 경계하고 조심해야 합니다. 절대로 아무 데나 따라가면 안 됩니다. 부흥을 방해할 뿐만 아니라 공동체를 파괴시키는 이단들을 항상 조심하십시오.

똘똘 뭉친 곳을 풀어야
건강해져요

TV 프로그램 〈동물의 왕국〉을 시청하다가 섬뜩한 장면을 목격했습니다. 귀에 너무나 익숙한 성우의 목소리가 이렇게 설명해 주었습니다.

"적은 외부에 있는 게 아니라 내부에 있었습니다. 새끼 사자 31마리를 죽인 것은 다름 아닌 암사자였습니다. 다들 사냥하러 나간 사이에 새끼 사자들을 돌보는 척하다가 다 물어 죽인 것입니다."

"대장 수소가 사자들에게 공격을 당하자 다른 수소들이 몰려와서 도와줍니다. 그 덕분에 다행히 위험한 순간을 모면할 수 있었습니다. 그런데 수소들이 상처 입은 동료 수소 한 마리를 무리 밖으로 밀어 내는군요. 무리에게 버림당한 수소는 몰려든 사자들에게 잡아먹히고 맙니다."

우리 부서는 어떤가 하는 생각이 들었습니다. 혹시 우리 마을에서 연약하다고 버림받은 지체가 없는지, 있는데도 모르고 지나친 것은 아닌지 돌아보게 되었습니다. 혹시 자기도 모르게 누군가를 몰아내고 나 몰라라 하고 있지는 않은지 꼭 한 번씩 점검해 볼 필요가 있습니다.

제 자신이 그런 아픈 경험을 해봤기 때문입니다. 고등학교 때 처음 예수님을 믿고 나서 주위 분들에게서 사랑을 많이 받았습니다. 찬양을 부를 때마다 얼마나 감사하고 좋았는지 모릅니다. 교회에 다닌 지 일 년 정도 지나서 새 학기가 되었는데 마침 찬양팀원을 뽑아서 선뜻 지원하고 싶었습니다.

그런데 제가 찬양팀에 관심 있어 한다는 소식을 들은 찬양팀 아이들의 반응이 그렇게 좋지만은 않았습니다. 함께하면 좋을 것 같다고 반기는 아이도 있었지만 탐탁지 않게 여기는 아이들도 있었습니다. 웬만하면 남 눈치를 안 보는 성격인데 그때는 자꾸 눈치가 보였습니다. 어릴 적부터 함께해 온 친구들로 구성된 찬양팀이라 그런지 나같이 굴러온 돌은 필요 없는 것 같았습니다. 결국 찬양팀을 포기했습니다. 교회 안에서 처음 느껴 본 외로움과 쓸쓸함이었습니다.

그때부터 저는 공동체 안에서 똘똘 뭉쳐 다니는 것을 용납하지 않게 되었던 것 같습니다. 마을이나 사랑에서 자기들끼리만 뭉쳐 다니는 무리가 있으면 인정사정 볼 것 없이 바로 없애 버릴 것이라고 엄포를 놓았습니다. 자기들만의 울타리를 치고 다른 사람들은 아무도 못 들어오게 은근히 벽을 치는 낌새만 보여도 가만있지 않고 눈물을 쏙 뺄 만큼 혼냈습니다. 실제로 흩어 버린 조는 없었지만 이것만큼은 민감하게 반응했던 것 같습니다.

서로 친한 건 매우 좋은 일입니다. 하지만 그냥 친한 것과 배타적으로 똘똘 뭉치는 것은 차원이 다른 문제입니다. 공동체의 하나됨에 좋지 않은 영향을 미치는 문젯거리인 것입니다.

2011년 〈슈퍼스타K〉라는 케이블 방송의 대표적인 오디션 프로그램에서 참으로 인상적인 장면을 본 적이 있습니다. 경연 중에 조별 미션이 벌어졌는데, 그때 이정아, 박솔, 크리스티나 그리고 유일한 외국인 크리스로 구성되었던 팀의 이야기입니다.

크리스가 자기가 외국인이라 떨어질 것만 같다고 불안해하며 서성거리기만 했습니다. 완전히 다운되어서 팀 연습에 집중하지 못했습니다. 그러자 다른 팀원들이 크리스의 마음을 알아차리고 다 같이 손을 잡고 기도하기 시작했습니다.

"자, 우리 기도하자. 우리가 한 목소리로 온 세상을 감동시키게 해 주세요…."

경연 결과 이례적으로 4명이 전원 합격했습니다. 보통 절반 정도만 합격이 되곤 했는데 하나로 화합하니 놀라운 결과를 낼 수 있었던 것입니다. 일명 '크리스 조'라고 불렸던 이 팀을 모두가 부러운 눈빛으로 바라봤습니다.

제게 인상적으로 남은 장면이 하나 더 있습니다. 시간이 꽤 흘렀지만 지금도 그때의 감동적인 장면이 잊히지 않습니다.

크리스 조가 무대에 올라 노래를 부르고 있는데 멤버 중에 박솔이 자기 파트에서 실수를 했는지 아니면 자신이 없었는지 불안한 표정으로 멤버들을 돌아봤습니다. 바로 그때, 크리스티나가 '괜찮아, 염려하지 마'라고 말하는 듯한 눈빛을 보내 주었습니다.

그 장면을 보는 순간 저는 전율을 느꼈습니다. 가장 감동 받았던 순간입니다. 기도의 힘과 사랑의 힘이 느껴졌기 때문입니다. 서로를 감싸 주는 팀워크가 있어서 전원 합격이라는 기록을 만들며 승리할 수 있었습니다.

이처럼 약한 지체가 있다면 감싸 주어야지 무리를 짓거나 나누는 일은 절대로 있어서는 안 됩니다. 설사 이해할 수 없는 말과 행동을 하더라도 사랑으로 품어 주어야 하나가 될 수 있습니다. 물론 쉽지는 않지만 주님 안에서 형제자매를 사랑으로 감싸 안을 때 비로소 사랑과 은혜와 웃음이 흘러넘치는 아름다운 공동체가 될 것입니다.

믿고 힘을 실어 주면
놀라운 일을 보게 될 거예요

제가 다니는 수영로교회의 정필도 원로 목사님은 교역자들에게 이런 말씀을 자주 하셨다고 합니다.

"내가 다 책임져 줄 테니 죄 짓는 것 말고는 다들 자기가 담임 목사라고 생각하고 사역하십시오."

저도 목사님의 말씀을 본받아서 마을장, 팀장, 사랑장들에게 이렇게 말하곤 합니다.

"리더들의 스타일을 있는 그대로 인정해 줄 테니까, 굵직한 것들은 간사인 나와 리더들이 상의해서 결정하고 그 외의 일들은 최대한 알아서 개성을 살려 진행하기를 바란데이. 마을마다 사랑마다 제각기 독특하고 스페셜하게 빛내기를 바란다."

이랬더니 정말로 리더들이 저마다 최선을 다해 주었습니다. 사실 제가 나서서 이래라 저래라 했다면 그렇게까지 못했을 것 같은데 뭔가 해내는 걸 보면 열정이 대단하다고 감탄할 수밖에 없는 일들이 종종 벌어졌습니다. 제가 한 일이라곤 뒤에서 지원해 주고 기도해 주고 힘든 문제가 생기면 같이 해결 방안을 찾거나 사전에 문제가 생기지 않도록 예방해 주는 일 정도였습니다. 모든 일은 각 사랑장들이 알아서 잘해 주었습니다.

이렇게 짱짱한 사랑장들과 사역하다 보니 사랑원들을 파악하고 가까워질 기회가 많았습니다. 그러다 보니 입대를 앞두거나 유학이나 휴학으로 공동체를 잠시 떠나야 하는 지체가 생기면 꼭 제게 찾아와 기도 부탁을 하곤 했습니다. 그러면 저는 리더들과 함께 진심을 다해서 기도해 주었습니다. 단! 기도하기 전에 한 가지 약속을 꼭 받아 두었습니다.

"어떤 이유로든 너같이 좋은 아이가 마을에서 빠지게 되면 타격이 제법 큰 거 잘 알제? 그니까 너 없는 동안에 네 역할을 할 만한 좋은 친구를 적어도 한 명 이상 마을에 채워 놓고 가는 기다. 알겠제? 이 약속을 지킬 거면 기도해 주고 아님 기도 안 해줄란다."

웃으면서 엄포를 놓곤 했는데 이런 일이 한 번, 두 번 계속되다 보니 교회를 잠시 떠나야 할 일이 생기면 자연스럽게 자기가 빠지는 대신에 새 친구를 한 명 이상 반드시 전도해 놓고 가는 전통 아닌 전통이 생겨 버렸습니다. 그러다 보니 어떤 지체는 유학 갈 준비보다 새 친구 한 명 전도해야 하는 부담감이 더 크다며 너스레를 떨기도 했습니다. 그러나 지체들이 자발적으로 이 전통을 이어 가려고 노력하는 일이 많았고, 실제로 많은 친구들을 교회로 데려오기도 했습니다. 하나님이 거룩한 부담감을 예쁘게 보시고 도와주신 것입니다.

이런 일이 가능했던 건 사랑장들이 간사인 저와 사랑원들을 잘 연결시켜 주었기 때문입니다. 저와 사랑장들이 항상 좋은 관계를 유지하고 신뢰함으로써 가능했던 일이기에 더욱 기쁨이 컸습니다.

지체들끼리 특히 리더들끼리는 서로 사이좋게 지내고 존중하고 사랑해야 합니다. 다툼을 일삼는 부모 밑에서 자란 자녀가 폭력을 자연스럽게 배우듯이 리더들끼리 서로 섬겨 주고 존경하는 모습을 보여 주면 사랑원들도 아름다운 모습을 자연스럽게 닮아 가게 되어 있습니다.

저는 리더들에게 제 연약한 모습까지 솔직하게 다 얘기해 주는 편입니다. 힘들다고 하소연하는 리더에게 "지금 너는 진짜 잘하고 있는 거야. 사실 나는 옛날에 이런 적도 있었는걸…" 하고 제 실수담을 들려주며 위로하곤 합니다.

그러면 대부분의 반응이 박장대소입니다. 처음에는 그런 반응이 너무 섭섭해서 웃음을 참지 못하는 리더에게 서운한 감정을 그대로 드러내기도 했습니다.

"야, 인마야. 내가 힘들었다카이 왜 더 웃노? 위로는 안 해주고. 니 못됐디."

그래도 웃음을 멈추지 않아서 살짝 화가 날 지경이었습니다.

"야, 니 와카노? 왜 그렇게 웃노? 내 힘들었대두?"

"미안해요! 오빠 같은 사람도 그렇게 어이없이 실패하고 힘들었다는 게 솔직히 은혜가 돼서 그래요. 기분 나빴다면 미안한데요. 절대 놀리려는 게 아니에요. 그래도 생각하면 저절로 웃음이 나와요. 하하하. 간사님 덕분에 제가 잘못하고 있는 게 아니란 걸 알게 돼서 기뻐요."

이 말을 들으니 저도 이찬수 목사님의 《보호하심》을 읽고 실패담 부분에서 큰 은혜를 받았던 기억이 났습니다. 실패나 상처의 기억마저도 은혜의 도구로 사용하시는 하나님께 감사를 올려 드립니다.

때로는 잘난 모습보다 엉성한 모습이 더 감동을 주고 은혜를 줄 수 있다니 무슨 일이라도, 아무리 힘든 일이라도 담대하게 감당할 수 있지 않겠습니까?

함께 비전을 바라보고
서로 소통하세요

일곱 명으로 시작됐던 사랑이 스물다섯 명이 넘는 마을이 되었고, 점점 더 부흥하여 세 개의 마을로 나뉘고 급기야 100명이 넘어서 네 개의 마을로까지 발전했습니다. 이렇게 폭발적으로 부흥이 일어나도 걱정될 것이 없었습니다. 왜냐하면 우리에게는 목표가 있었기 때문입니다.

대학부 예배를 드리는 1층 예배실의 한 줄에는 약 100명쯤 앉을 수 있습니다. 처음으로 스무 명이 넘는 한 마을을 이뤘을 때, 제가 그 자리를 우리 마을 사람들로만 채워 보자는 의견을 냈습니다. 보통 서너 개 마을이 모여야 한 줄을 채울까 말까 하는데 우리 마을 하나로만 그 자리를 채워 보자고 하는 제 도전에 마을원들이 모두 환하게 웃으며 힘찬 목소리로 "네"라고 대답해 주었던 기억이 지금도 생생합니다.

그렇게 목표를 세우자 마을원들이 한마음이 되었고 계속해서 부흥을 거듭할 수 있었습니다. 무엇보다도 진짜 가족 같은 사랑을 나누는 마을이 되기를 원했는데 정말로 숫자만 늘어나는 부흥이 아니라 진심으로 사랑을 나누는 부흥이 일어나서 감사했습니다. 어찌나 서로 사랑하고 아끼는지 사랑이 너무 커져서 분가해야 하는데도 헤어지고 싶지 않아서 투정 아닌 투정을 하기도 했습니다.

"부흥시켜 주셔서 하나님께 감사한데요. 너무 빨리 부흥해서 금방 헤어져야 하니까 아쉬워요."

간사인 저로서는 사랑을 분가시키는 것이 여간 행복한 고민이 아닐 수 없습니다.

그런데 일곱 명에서 시작해서 100명이 넘는 큰 마을을 이루게 되면 의사소통이 문제가 될 수 있습니다. 감사하게도 우리 마을에서는 그런 문제가 없었습니다.

세계를 제패한 칭기즈 칸이 회의할 때는 참석하는 장수들이 열 명을 넘지 않았다고 합니다. 전쟁 중에 신속하면서도 정확한 의사 결정을 내리기 위해서였다고 합니다. 충분히 공감되는 내용입니다.

간사로서 100명이 넘는 부서를 섬기지만 사랑원들을 일일이 섬긴다는 것은 불가능한 일입니다. 그래서 열 명의 마을 리더들과 리더 양육을 받고 있는 차기 사랑장 열 명까지 20명을 제 사랑원이라고 여기고 집중적으로 섬기기로 했습니다.

주일 예배를 모두 마치고 나면 리더들과 함께 둘러앉아 각 사랑별로 무슨 일이 있었는지 나눕니다. 각 사랑장은 자기 사랑에서 있었던 일을 한두 문장으로 짧게 얘기하고 모든 리더들과 나누고 싶은 은혜나 특이 사항을 나눕니다. 짧은 시간 동안 몇 마디밖에 나누지 못하지만 모두들 귀를 쫑긋 세우고 집중해서 듣습니다. 사랑 편성이 바뀌게 되면 저 사랑장이 말하는 사랑원이 바로 자기 사랑원이 될 수도 있기 때문에 경청할 수밖에 없습니다.

아울러 새가족의 반응과 긴급 기도 제목을 나누고 사랑원과 문제가 생겼을 때 어떻게 대처해야 하는지도 자연스럽게 나눕니다. 최고 리더인 간사라고 해서 꼭 이래라 저래라 하고 함부로 결론을 내지는 않습니다. 서로 자유롭게 토론하다 보면 간사인 저보다 훨씬 더 좋은 계획이 나오기도 하니까요. 때로는 리더 양육을 받고 있는 차기 사랑장에게서 생각도 못했던 멋진 아이디어들이 쏟아져 나오기도 합니다.

역시 일방적인 지시보다 서로 소통하는 것이 훨씬 더 좋은 것 같습니다. "커뮤니케이션의 또 다른 이름은 리더십이다"라는 말이 있지요. 최고 리더일수록 더욱 겸손하게 귀를 크게 열고 주위 사람들의 말을 경청하고 많은 대화를 나눠야 한다고 합니다. 자신도 모르게 독불장군이 될 수도 있기 때문에 항상 경청하려고 노력해야 합니다.

"내 사랑하는 형제들아 너희가 알지니 사람마다 듣기는 속히 하고 말하기는 더디 하며 성내기도 더디 하라"(약 1:19).

전도는 양육까지!

악기도 마이크도 없이 혹여 찬양 소리가 밖으로 새어 나갈까봐

커튼을 다 치고 불러야 하는 데도 은혜가 넘쳐 납니다. 진실함으로

온 마음과 정성을 다해 부릅니다. 하나님이 흠향하시는

찬양이란 이런 것이구나 하는 생각이 듭니다. 이것은 선교 현장에서만

느낄 수 있는 은혜의 경험입니다. 이동하는 버스 안에서 부르는 찬양

은 선교지 구석구석을 누비며 울려 퍼집니다. 밖에 있는 사람들은 차

안에서 무슨 일이 벌어지고 있는지 알 턱이 없지만 하나님 아버지는

아십니다. 찬양을 통해 차 안에서 성령님의 임재를 경험하고 있다는 것을.

PART 3

열혈청년,
떠나다

Chapter 1

지구별
땅끝까지

온 가족 선교의 비전을 품다

하루는 담임목사님이 이런 말씀을 하셨습니다.

"삼대(三代)가 다 같이 선교를 가면 참 멋있고 좋을 것 같습니다."

그 말씀을 듣는 순간 제 머릿속에 그림이 그려졌습니다. 부모님과 누나네 가족 그리고 미래의 제 아내와 아이들이 다 함께 선교를 떠나는 장면입니다. 그때부터 온 가족 선교는 제 꿈과 비전이 되었습니다.

제 아이가 결혼을 하고 또 아이를 낳으면 사 대가 다 같이 가고…. 아이들은 선교지의 아이들하고 놀아 주는 것만으로도 충분한 선교가 되겠죠.

제 기력이 쇠하여 움직일 수 없을 때까지는 매년 해외 선교 여행, 즉 비전 트립을 가려고 합니다. 제가 교사로 근무하고 있는 브니엘예술고 아이들을 예수님께 인도하도록 부르심을 받은 만큼 최선을 다해서 아이들을 섬길 것입니다. 그리고 정년퇴임을 하고 나서 언젠가 하나님이 이제 됐다고 말씀하시면 제가 이제까지 선교 나갔던 나라 중에 한 곳을 택해서 선교사로 나가는 꿈을 꾸고 있습니다.

이런 꿈을 품고 행복한 전도와 선교의 삶을 살게 해주신 하나님께 감사드립니다. 하나님은 저에게 꿈을 주시고 소원을 품게 하실 뿐만 아니라 그 꿈을 친히 이루어 주시는 분이십니다.

선교 여행은 여행이 아니무니다

해외 선교하면 처음 떠오르는 생각이 두 가지였습니다. 하나는 저같이 믿음이 약한 사람은 선교를 나갈 수 없다는 생각이었습니다. 선교는 믿음이 아주 좋은 사람들이나 가는 것이라고 생각했죠.

하지만 하나님은 부족하고 어리바리한 저 같은 사람도 열방을 품고 선교 나가는 것을 무척 좋아하신다는 사실을 알게 되었습니다. 오히려 부족하기 때문에 하나님과 선교팀 리더의 말에 순종을 잘하고 그로 말미암아 연약한 자를 통해 멋진 역사를 이루신다는 걸 깨달은 이후로는 한결 기쁜 마음으로 해외 선교를 나가게 되었습니다.

두 번째는 해외 단기 선교 기간에 대한 의문이었습니다. 단기 선교는 적어도 6개월 이상 나가는 것이라 들었습니다. 1~2주 혹은 길어야 3주 정도 되는, 한 달도 채 안 되는 짧은 기간 동안 사역하는 것은 선교 여행, 즉 비전 트립이라고 하지요. 그 짧은 기간을 위해서 적게는 몇 십만 원, 많게는 몇 백만 원을 들여서 나가는데 과연 효과가 있을까 하는 의문이 있었습니다. 차라리 그 돈을 선교사님께 보내 드리는 것이 선교에 더 큰 보탬이 되지 않을까 하는 생각도 들었습니다.

하지만 선교 교육을 받으면서 보니까 짧더라도 이렇게 선교를 나가는 것이 얼마나 큰 사역인지 알게 되었습니다. 많은 사람이 휴가를 반납하면서까지 선교에 헌신합니다. 일주일 선교 여행을 가기 위해서 야근하며 수고합니다. 한 영혼이라도 더 살리기 위해 비록 짧은 기간이라도 하나님께 드리는 그 마음이 바로 예수님이 칭찬하셨던 과부의 두 렙돈 헌금과도 같다는 것을 깨달았습니다.

선교 여행은 몇 주 안에 끝나 버리지만 이 짧은 여행을 위해서 보통 6개월 전부터 기도하며 준비합니다. 매년 초에 선교 대상지를 정하고 합심하여 기도하고 준비에 들어갑니다. 선교사님과 연락을 취하며 사역을 위한 중보 기도가 시작되는 것입니다.

빙산은 물 위에 보이는 건 고작 10% 정도이고 나머지 90%는 물 밑에 있어서 보이지 않습니다. 선교 여행도 마찬가지입니다. 보이는 선교 활동은 단 몇 주에 불과하지만 그 준비 기간은 보이지 않는 빙산처럼 훨씬 깁니다.

전도는 양육까지!

이스라엘과 팔레스타인,
첫 해외 선교

선교는 목숨 걸고 하는 것

스물다섯 살이 될 때까지 태어나서 한 번도 비행기를 타 본 적이 없었습니다. 언제 비행기 한 번 타 볼까 싶었는데 드디어 기회가 온 것입니다. 이스라엘 성지 순례 및 팔레스타인 단기 선교 여행을 떠나게 된 덕분입니다. 성인 교구와 청년부, 대학부가 연합해서 가는 2주간의 여행이었습니다.

가슴이 벅찼습니다. 솔직하게 말하면 첫 해외 선교라는 사실에는 떨렸고, 드디어 비행기를 탄다는 사실에는 설레었습니다. 군대 제대

후 대학교 2학년에 재학 중이었던 저는 선교비 250만 원을 벌기 위해 과외 아르바이트를 했습니다. 그때는 아버지께서 제가 교회 가는 것조차 싫어하셨던 때라 선교비 얘기는 꺼낼 수도 없었습니다. 오롯이 제가 다 해결해야 했습니다. 그래도 잘 준비해서 떠날 수 있었으니 감사합니다.

지금 생각하면 웃기지만 비행기를 탈 때마다 꼭 창가 자리를 달라고 부탁했습니다. 그래야 창밖을 내다볼 수 있으니까요.

이스라엘 땅을 처음 밟았을 때 날뛰듯 기뻤습니다. 지금도 그때 기억이 생생합니다. 뜨거운 햇빛과 사막이 보였는데 그곳이 바로 2000년 전 예수님이 계셨던 곳이라고 생각하니 신기하기만 했습니다.

베들레헴에서 사역하고 계시는 강태윤 선교사님 가족과 인사를 나누고 먼저 하나님께 예배를 드렸습니다. 선교사님이 계신 곳에 총탄이 날아들어 건물에 구멍이 나고 폭탄에 무너져 내린 적이 있다고 합니다. 그런데도 선교사님 가족은 한국으로 돌아오지 않았습니다. 그래서 제가 물었습니다.

"위험했을 텐데 왜 그러셨어요? 일단 한국에 갔다가 다시 돌아와서 계속 사역하실 수도 있잖아요."

그러자 선교사님은 평소 친구처럼 가족처럼 여기고 있는 이웃을 두고 한국으로 피신할 수가 없었다고 하셨습니다. 담담하게 말씀하시며 당시 전쟁 상황을 찍은 사진들을 보여 주셨는데 사모님의 눈에서 눈물이 주르륵 흘러내렸습니다. 어린아이였던 자녀들은 방문을 걸어 잠그고 이불을 뒤집어쓴 채 두려움에 떨며 기도만 했다고 합니다.

이런 일이 있은 후에는 이웃 팔레스타인인들이 위급한 상황에서도 한국에 돌아가지 않고 자기들과 함께 남아 있었던 선교사님 가족을 진짜 가족, 형제, 친구로 여기기 시작했다고 합니다.

선교사님은 한결같은 태도로 주님께 감사드리며 영광을 돌리셨습니다.

"1991년 걸프전과 2003년의 이라크 전쟁 그리고 이스라엘과 팔레스타인 간의 2차 인티파다(intifada), 즉 팔레스타인의 저항 운동이 벌어지는 와중에 우리 집에 총탄들이 무수히 날아들었습니다. 그 속에서 하나님이 우리를 지켜 주시지 않았다면 이 땅에서 온전한 사역자로 지낼 수 없었을 것입니다. 순간순간 불꽃같은 눈동자로 생명을 지켜 주신 주님을 찬양하지 않을 수가 없습니다."

죽으면 죽으리라는 각오로 선교에 목숨을 거신 분들의 모습을 직접 보니 존경스러웠습니다. 그 믿음을 닮고 싶습니다. 죽을 때까지 선교사님들을 위해 기도해야겠다는 생각밖에 들지 않았습니다.

성경에 나와 있는 곳이 바로 내 눈앞에!

다윗성에 올라가 보니 다윗이 몇 천 년 전에 살았던 나와는 동떨어진 인물이 아니라 아주 가까이에서 지금도 살고 있는 사람일 것만 같은 느낌이 들었습니다. 히스기야 터널, 실로암, 주기도문교회, 팔복교회 등 성경에 나온 곳들을 직접 눈으로 확인할 수 있었습니다.

가장 기억에 남는 곳 중에 하나가 사해(Dead Sea)입니다. 일행이 다 같이 머리끝부터 발끝까지 진흙을 바르고 물에 들어가 봤습니다. 정말로 몸이 물 위로 둥둥 떴습니다. 절대 가라앉는 일이 없었습니다. 방 바닥에 눕듯이 드러누웠더니 자연스레 떠 있었습니다. 워낙 염도가 높아서 어쩌다 바닷물이 눈에 들어가면 고통스러울 정도로 따가웠습니다.

헐몬산에서 물이 흘러 처음 모이는 곳이 갈릴리호수인데 그곳의 물은 아주 깨끗해서 각종 물고기가 많이 산다고 합니다. 그런데 그 깨끗한 갈릴리호수의 물이 흘러와 모이는 곳이 바로 사해입니다. 받기만 받고 나눠 주지 않아서 말 그대로 죽은 바다가 되었다고 합니다.

너무 짜서 어떤 생명체도 살 수 없는 곳입니다. 사랑을 받기만 하고 나눠 주지 않으면 이처럼 사해 같은 사람이 될 수 있습니다. 그렇게 되지 않기 위해서라도 받은 사랑을 부지런히 주위 사람들에게 나누어 주어야겠다는 생각이 절실해졌습니다.

마가의 다락방에도 가봤는데 예수님이 제자들과 함께 마지막으로 유월절을 지키시고 성만찬을 베푸신 곳입니다. 예수님과 12명의 제자들이 이곳에 함께 계셨다는 생각을 하니 가슴이 벅차올랐습니다. 예수님과 제자들의 숨결이 느껴지기라도 하는 것처럼 저도 숨을 깊이 들이마시며 벽과 기둥 이곳저곳을 만져 봤습니다.

선교란 깊은 곳에 그물을 던지는 일입니다

선교사님이 꽹과리를 치시고 우리 일행이 북과 장구를 치며 뒤를 따라 베들레헴을 돌아다녔습니다. 수많은 팔레스타인 사람들이 몰려들었습니다. 아이들은 신기한 듯 쳐다보며 우리가 가는 곳마다 따라

다녔고 북과 장구에 많은 관심을 보였습니다.

우리는 오후 몇 시에 어디서 공연을 하니까 꼭 보러 오라고 초대하며 아이들에게 환하게 웃어 주었습니다. 아이들과 어울려 춤추고 악기를 연주했습니다. 청년들과 어른들도 와서 연신 웃는 얼굴로 우리를 쳐다봤습니다.

이윽고 약속한 시간이 되었습니다. 장소가 차고 넘치도록 아이들과 사람들이 몰려와서 가슴이 벅찼습니다. 콘서트에 몰려온 팬들을 보는 가수의 마음이 이렇지 않을까 생각했습니다. 하나님을 알리고 하나님께 영광 돌리기 위한 공연이기에 그 기쁨은 이루 말할 수 없이 컸습니다.

몇 달에 걸쳐서 준비해 간 태권도 시범과 연극 그리고 부채춤을 선보였습니다. 박수가 끊이질 않아서 마치 구름 위를 걷는 듯한 기분이었습니다. 처음 선교지에 나가 본 저로서는 원래 다들 그렇게 열렬하게 반응해 주는 것인지 아닌지 분간할 수도 없었지만 마냥 좋고 행복했습니다.

"하나님도 좋으시죠? 기쁘시죠? 이렇게나 많은 사람들이 몰려왔습니다. 하나님이 보내 주신 거라는 거 알아요. 감사합니다. 하나님, 선교사님이 말씀을 전하실 때 여기 있는 수많은 아이들과 어른들이 다 예수님을 만나길 원해요…."

선교사님이 말씀을 전하시는 동안 우리는 한쪽에서 계속 중보 기도를 드렸습니다.

갈릴리호수에는 깊은 곳에는 고기가 없고 얕은 곳에 고기가 있다고 합니다. 뭍과 호수가 만나는 곳, 발목까지밖에 들어가지 않는 얕은 곳에서 수백 마리가 떼 지어 다닙니다. 잡으러 들어가면 깊은 곳으로 도망쳤다가 다시 얕은 곳으로 올라오고 또 잡으러 가면 깊은 곳으로 도망치곤 했습니다. 그 광경을 보고 나니 이 찬양이 확실히 이해가 되었습니다.

> 주의 말씀 의지하여 깊은 곳에 그물 던져
> 오늘 그가 놀라운 일을 이루시는 것 보라
> 주의 말씀 의지하여 믿음으로 그물 던져
> 믿는 자에게 능치 못함 없네
> —〈전능하신 나의 주 하나님은〉

밤새도록 그물을 내렸지만 한 마리도 잡지 못한 베드로가 깊은 곳에 그물을 내리라는 예수님 말씀에 그대로 순종했다는 것은 대단한 일입니다. 베드로는 베테랑 어부였기 때문입니다. 그는 깊은 곳에 고기가 없다는 사실을 잘 알고 있었습니다. 그런데도 예수님의 말씀이기에 순종했고, 마침내 그물이 찢어질 만큼 많은 고기를 잡을 수 있었습니다.

이것이 바로 믿음입니다. 무조건 순종했을 때 이런 놀라운 일들이 일어납니다. 저 또한 상식에 어긋나고 영 말이 안 되는 것처럼 보일지라도 예수님이 말씀하시면 무조건 순종하며 나가기로 결심했습니다. 베드로처럼요.

일본, 가깝고도 먼 나라

사랑할 수 없을 것 같았습니다

우리나라보다 훨씬 앞서 기독교가 전파되었지만 크리스천 비율이 3%도 못 미치는 나라, 우리에게는 가깝고도 먼 나라, 축구나 야구 경기할 때 결코 지면 안 되고 반드시 이겨야 하는 나라, 종군 위안부 문제를 생각하면 미워지는 나라, 독도가 자기네 땅이라고 망언을 일삼을 때면 도저히 좋아할 수 없는 나라…. 바로 평소 제가 갖고 있는 일본에 대한 생각이었습니다.

일본 선교를 떠나기 몇 달 전부터 준비 기도회가 있었는데 솔직히 이런 기도가 나왔습니다.

'하나님 이번에 일본으로 선교를 가게 해주셔서 감사드립니다. 그런데 저는 이제까지 일본에 대해 좋게 느껴 본 적이 한 번도 없습니다. 제게는 가장 비호감인 나라인데 선교를 가게 됐으니 사랑의 마음을 품고 기도해야 하는데 그게 잘 안 됩니다. 제게도 일본을 좋아하는 마음, 애정이 생길 수 있을까요?'

그래서 저는 우선 일본을 사랑하는 마음을 구하는 기도부터 시작했습니다. 애정이 없으면 선교에 실패할 뿐더러 아예 가지 않는 것이 맞기 때문입니다. 그래서 더욱 간절했습니다.

그랬더니 일본을 긍휼히 여기는 마음을 주셨습니다. 경제는 발전했지만 수많은 우상을 섬기는 영적으로 황폐한 나라, 일본에 대해 안타까운 마음을 주신 것입니다. 이제까지 일본을 좋게 생각해 본 적이 한 번도 없는 제게 그들을 하나님의 시각으로 바라보는 은혜를 주셨습니다.

최병호는 일본을 도저히 사랑할 수가 없습니다. 그렇지만 제 안에 계신 예수님이 일본을 긍휼히 여기셔서 저 또한 그들을 불쌍히 여기는 마음을 갖게 하시고 그들을 위해 기도하게 하시니 놀랍기만 했습니다.

솔직히 기도하기 싫은 마음이 순간순간 들기도 했지만 그렇다고 순종하지 않으면 니느웨성 백성들이 회개하는 모습을 보고 오히려 불평했던 요나와 같이 될까봐 마음을 고쳐먹었습니다.

그랬더니 세상에! 제가 일본을 위해 울면서 기도하고 있는 것이 아닙니까! 일본이 우리나라가 아닌 다른 나라와 축구 경기를 해도 무조건 져야 한다고 패배를 응원하던 제가 일본을 위해서 울다니요. 신기하기만 했습니다. 더 간절히 일본 땅을 긍휼히 여겨 달라고 은혜를 부어 달라고 하나님께 기도드렸습니다.

사랑의 시작은 용서라고 하는데 일본을 용서하는 마음부터 주신 것입니다. 그리고 더 적극적으로 일본 땅을 위해 축복하며 기도하라고 하셔서 순종하며 중보 기도를 했습니다. 하나님이 제게 원하시는 마음이 이런 것이라면 철저히 순종하고 축복하며 기도하기로 작정했더니 제 마음에 평강과 기쁨과 은혜가 가득해졌습니다. 그리고 잘했다고, 참 잘했다고 칭찬해 주시는 하나님의 마음이 느껴졌습니다.

일본에 대한 증오로 가득 찼던 제 마음을 긍휼과 사랑의 마음으로 바꾸시고 일본을 품고 기도하게 해주신 하나님께 감사와 영광을 올려 드립니다.

후쿠오카대학교에서 노방전도

"교회가 뭐하는 곳이죠? 결혼식 하는 곳인가요?"

일본 후쿠오카대학교에서 노방전도를 하는데 일본 학생들이 물었습니다. 교회에 대해 전혀 지식이 없는 일본 사람들을 보고 적잖이 놀랐습니다.

한국어를 할 줄 아는 일본 학생 한 명과 한국인 두 명이 한 팀이 되어 처음에는 대학 캠퍼스 안에서 전도를 하다가 신고를 받고 달려온 경비 아저씨 때문에 밖으로 쫓겨나게 되었습니다. 학교 근처 길가로 자리를 옮겨 전도할 수밖에 없었습니다.

"아브라야마 샬롬 교회에서 '코리안 나이트'를 개최합니다. 꼭 와 주세요."

겨우 배운 일본말로 안내하며 팸플릿과 사탕을 나눠 주었습니다. 그나마 다행스럽게 교회는 잘 모르더라도 한국에 대해서는 관심을 가지고 다가와 주는 사람들이 있었습니다.

한국어를 떠듬떠듬하는 학생을 만나기도 하고, 먼저 와서 같이 사진을 찍자고 하는 사람도 있었습니다. 일본인들은 여간해서는 잘 모르는 사람한테 연락처를 주지 않는다고 하는데 연락처를 적어 주기까지 하는 학생들도 있었습니다. 예수님께 마음이 있는 지체는 그 자리에서 바로 복음도 전해 주었습니다.

그렇게 해서 가져간 전도지 3,000장을 다 나눠 주었습니다. 노방전도를 마치고 교회로 돌아오는 길에 "지금 바로 교회에 한번 가보고 싶다"고 따르는 사람도 있어서 얼마나 기쁘고 감사했는지 모릅니다.

며칠 동안 학교와 동네를 돌며 노방전도를 하며 많은 분이 오기를 간절히 기도했습니다. 몇 명이 오든지 상관없이 최선을 다하기로 다짐하고 또 다짐했습니다. 시간을 내어 큰마음 먹고 오는 분들임을 알기에 더더욱 마음을 다졌습니다.

드디어 코리안 나이트를 여는 날이 되었습니다. 생각보다 많은 분들이 교회를 찾았습니다. 준비한 태권도 시범, 부채춤, 콩트, 연주, 워십 등을 무대에 올렸습니다. 그러고 나서 목사님이 설교를 하셨습니다. 마지막으로 일본을 축복하며 준비해 간 선물들을 나눠 주고 참석해 주어서 감사하다는 인사를 잊지 않고 했습니다. 감격스러운 밤이었습니다.

대면하니 가슴으로 이해됩니다

일본 교회에서 학생과 성인 대상으로 전도 간증과 강의를 하게 되었습니다. 일본 유학생이 통역을 맡아서 해주었는데 제가 목회자도 아니고 신학생도 아니기에 강의라기보다는 제 삶을 솔직하게 나누었다는 게 맞는 것 같습니다.

부끄럽게도 일본인 목사님이 저를 한국에서 온 유명한 청년 전도왕이라고 소개해 주셨습니다. 거창한 소개 때문인지 참석자들이 제 이야기를 하나도 놓치지 않으려고 꼼꼼하게 메모해 가며 열심히 들어 주었습니다. 마치 수험생 같은 눈빛으로 듣는 모습이 비장해 보이기까지 했습니다. 그러니 저는 모든 에너지를 다 쏟아서 이야기를 들려드릴 수밖에 없었습니다.

한국에서 복음을 전하러 와주었다고 감사의 뜻으로 일본인 성도의 집에 두 사람씩 초대받아 저녁 식사를 하게 되었습니다. 선교를 하러 간 우리가 더 많이 섬기고 베풀어야 할 텐데 우리를 식사로 섬기고 싶다고 하셔서 깜짝 놀랐습니다.

제가 간 일본 가정에서 할머니와 따님 내외가 얼마나 극진하게 대접해 주시던지 몸 둘 바를 모를 지경이었습니다. 어리둥절하기만 한 친구와 저는 서로 눈만 깜빡거리며 웃었습니다. 특히 직접 튀김을 만들어 주고 손수 과일을 깎아 주고 차까지 준비해 주신 남자 집사님을 보고 놀랐습니다. 교수님이셨는데 모든 섬김의 행동이 참 자연스러워 보였습니다.

'결혼하면 남자도 저렇게 하는구나. 참 보기 좋다. 나도 나중에 결혼하면 저렇게 해야겠다.'

처음으로 결혼 후를 생각하게 만드신 분이 바로 그 일본인 교수님이셨습니다.

어느 식당에서 점심을 먹을 때였습니다. 바로 옆 테이블에 백발의 노부부가 앉으셨는데 할아버지의 몸이 조금 불편해 보였습니다. 할머니가 할아버지의 밥 위에 반찬을 한두 개씩 올려 주시는 모습을 보니 눈을 뗄 수가 없었습니다. 간간이 할아버지의 입가를 손으로 닦아 주셨는데 그 어떤 장면보다도 아름다워 보였습니다. 노부부가 식당에서 다정하게 식사하시는 모습을 처음 봐서 그런지 제가 배부르고 행복해질 정도로 감동적이었습니다.

일본 사람들을 미워하고 싫어했던 제 모습이 생각났습니다.

'이렇게 따뜻한 분들이 살고 있는 일본인데, 나는 그것도 모르고….
아이쿠, 한국에 돌아가서도 일본을 위해서 기도 많이 해야겠다.'

눈으로 직접 보고 경험하는 것이 얼마나 중요한지 깨닫는 좋은 시간이었습니다.

중국, 압록강에서의
잊지 못할 만남

선교지에서 찬양으로 하나님을 경험합니다

선교지에서는 큰 버스를 타고 이동합니다. 차 안에서 찬양을 부르기도 하고 한 명씩 돌아가며 간증하는 시간을 갖기도 하지요. 평소에 잘 아는 사이이고 선교 오기 몇 달 전부터 같이 새벽 기도하고 모임도 가졌으니 서로에 대해 잘 알 것 같지만 막상 선교지에 나가 보면 그때마다 부어 주시는 은혜에 따라 사람이 달라 보입니다.

이동하는 차 안에서 빼놓을 수 없는 은혜가 바로 찬양입니다. 쉬지 않고 찬양을 부릅니다. 불렀다기보다는 끊임없이 자연스럽게 흘러나옵니다. 누가 그렇게 하자고 한 것도 아닌데 은혜 중에 은혜가 아닐 수 없습니다.

한두 시간 거리도 있지만 서너 시간 이상 가야 하는 거리도 있습니다. 그럴 때면 대개 기절하다시피 자곤 합니다. 그런 때에도 꼭 한 명쯤은 잔잔하게 찬양을 부르곤 합니다. 잠이 깨면 같이 부르다가 또다시 잠에 빠지기도 합니다. 잠들 때는 찬양이 이 세상에서 가장 아름다운 자장가처럼 느껴집니다. 어김없이 한 명은 꼭 찬양을 부르고 있기 때문에 힘이 되는 대로 뜨겁게 찬양을 부릅니다. 그러다 보면 버스 안이 천국처럼 느껴지기도 합니다.

악기도 마이크도 없이 혹여 찬양 소리가 밖으로 새어 나갈까봐 커튼을 다 치고 불러야 하는 데도 은혜가 넘쳐 납니다. 진실함으로 온 마음과 정성을 다해 부릅니다. 하나님이 흠향하시는 찬양이란 이런 것이구나 하는 생각이 듭니다.

이것은 선교 현장에서만 느낄 수 있는 은혜의 경험입니다. 이동하는 버스 안에서 부르는 찬양은 선교지 구석구석을 누비며 울려 퍼집니다. 밖에 있는 사람들은 차 안에서 무슨 일이 벌어지고 있는지 알 턱이 없지만 하나님 아버지는 아십니다. 찬양을 통해 차 안에서 성령님의 임재를 경험하고 있다는 것을.

압록강에서 북한 친구를 만났습니다

압록강에 도착한 우리는 여섯 명씩 조를 지어 앉았습니다. 보트를 타기 위해서였습니다. 산청에서 래프팅을 할 때와는 전혀 차원이 다른 떨림이 있었습니다.

우리 눈앞에 북한 땅이 보입니다. 이 보트를 타고 건너면 바로 북한 땅이라니 신기하기도 하고 이상하기도 합니다. 한편으로는 가슴이 무척 아팠습니다. 보트를 타고 일이 분만 달리면 북한 땅을 밟을 수 있는데 그렇게 하지 못하기 때문입니다.

북한과 중국 사이에 있는 압록강 위를 보트 타고 다닐 수는 있지만 건너갈 수는 없습니다. 건너편 북한 땅에 초등학교 같은 건물이 보였습니다. 그 학교 벽면에는 중국 땅에서도 볼 수 있을 만큼 큰 빨간 글씨로 '위대한 김일성 아버지의 뜻을 이어받아'라는 문구가 적혀 있었습니다. 그 글을 보니 북한 땅이 맞구나 하는 생각이 들었습니다.

보트를 타고 천천히 북한 쪽으로 올라갔습니다. 압록강을 따라 깎아지른 듯한 절벽과 거기에 자란 여러 다양한 나무들이 어우러진 경치가 무척 아름다웠습니다. 그림이나 사진으로만 보던 아름다운 풍경이 눈앞에 펼쳐져 있는데 뭐라 표현할 수 없어서 감탄사만 연발했습니다.

북한 쪽으로 가까이 갈수록 더 선명하게 보였습니다. 강가에 앉아 빨래하는 아낙들도 보이고 오리를 몰고 온 사람도 보이고 초등학생들이 몰려와서 물장구치고 신나게 노는 모습도 보였습니다. 60~70년대 전형적인 시골 풍경을 보고 있는 것 같았습니다.

점점 더 가까이 가자 북한 초등학생들이 우리 보트를 보고 우르르 강가로 내려오는 모습이 보였습니다. 우리에게 관심을 보이다니 은근히 설레고 기대가 되었습니다.

그런데 이게 웬일입니까? 기대와는 달리 돌아오는 건 그 아이들이 던지는 돌멩이와 욕설뿐이었습니다. 가슴이 아팠습니다. 예전에 보트를 가까이 댔다가 아이들이 던진 돌에 맞아 다친 사람이 있었다고 합니다. 더 많은 아이들이 몰려와서 돌을 던져 댔고 욕설도 갈수록 더 심해졌습니다.

"나쁜 놈들아. 꺼지라우!"

"가라우. 어디서 왔네? 썩 가라우."

한 아이가 "너네는 이런 거 없제?" 하며 손에 든 옷을 자랑스럽게 들어 보였는데 솔직히 썩 좋은 옷도 아니었습니다. 마음이 아파서 아무도 말을 하지 못하고 서로 멍하니 쳐다보고만 있었습니다.

팀장인 제가 무슨 말이라도 해야 할 것 같아서 한 가지 제안을 했습니다.

"얘들아. 그래도 우리는 같은 민족 아이가. 귀여운 북한 아이들이 사상 교육을 받아서 저러는 거지. 쟤들이 무슨 잘못이 있겠노. 우리가 저 아이들을 위해서 축복송이나 불러 주자."

강 가운데쯤 보트를 세워 놓고 우리들은 다 같이 자리에서 일어나 손을 쭉 뻗어 축복송을 부르기 시작했습니다.

당신은 사랑 받기 위해 태어난 사람
당신의 삶 속에서 그 사랑 받고 있지요
당신은 사랑 받기 위해 태어난 사람
당신의 삶 속에서 그 사랑 받고 있지요

태초부터 시작된 하나님의 사랑은

우리의 만남을 통해 열매를 맺고

당신이 이 세상에 존재함으로 인해

우리에겐 얼마나 큰 기쁨이 되는지

-〈당신은 사랑 받기 위해 태어난 사람〉

한 곡을 다 불렀더니 그 사이에 주위가 고요해졌습니다. 북한 아이들은 돌 던지기를 멈추고 욕하는 것도 멈추고 우리가 부르는 노래를 듣고 있었던 것 같았습니다. 하지만 아무런 반응도 없었습니다. 우리는 서로를 바라보고 우두커니 서 있을 수밖에 없었습니다.

그런데 갑자기 북한 아이들 중에 한 명이 소리를 질렀습니다.

"왜 그만하네? 좋다야. 계속하라우!"

이게 웬일이죠?! 우리는 감격해서 있는 힘껏 두 팔을 뻗어서 축복송을 또 한 번 불러 주었습니다. 여러 번 반복해서 부르다가 감격에 겨워 모두가 눈물을 흘렸습니다.

제가 북한 아이들을 향해 말했습니다.

"또 다른 노래도 불러 줄게!"

"응. 어서 해보라우!"

꼬마의 대답에 완전히 신이 난 우리는 보트가 출렁거릴 정도로 폴짝폴짝 뛰면서 기뻐했습니다. 그리고 또 다른 노래를 부르기 시작했습니다.

아주 먼 옛날 하늘에서는 당신을 향한 계획 있었죠
하나님께서 바라보시고 좋았더라고 말씀하셨네
이 세상 그 무엇보다 귀하게 나의 손으로 창조하였노라
내가 너로 인하여 기뻐하노라 내가 너를 사랑하노라

사랑해요 축복해요
당신의 마음에 우리의 사랑을 드려요
-〈아주 먼 옛날 하늘에서는〉

손을 쭉 뻗거나 손을 머리 뒤에서 앞으로 힘껏 던지면서 연신 '사랑
해요, 축복해요'를 반복해서 들려주었습니다. 노래를 다 불러 주고 나
서 이제는 저 아이들도 우리를 나쁘게만 보지는 않을 거라는 확신이
들어서 말을 걸어 봤습니다.

"얘들아, 너희들 몇 살이니?"

제 말에 따뜻한 답변이 되돌아오기를 바라는 맘으로 외쳤습니다.
그랬더니 한 아이가 입을 열었습니다.

"열한 살. 그러는 너는?"

보트 위에 있는 사람들이 모두 배꼽을 잡고 웃으며 난리가 났습
니다.

'저 녀석이! 내 나이에 절반도 안 되면서 반말이야!'

속으로 울컥했지만 하나도 기분 나쁘지 않았습니다. 오히려 제 말
에 정겹게 대답해 줘서 고마웠습니다. 그래서 저도 기쁘게 웃으면서

대답해 주었습니다.

"난 스물일곱!"

이런저런 말을 주고받다가 가야 할 시간이 되었습니다.

"이제 우리는 가야 해. 너네들 항상 건강하게 잘 지내야 해. 알겠지?"

"나는 괜찮아. 니네 건강이나 챙기라우!"

북한 억양의 대답이 돌아왔습니다.

'한 마디도 지지 않는 맹랑하지만 똑똑한 꼬마 녀석이구나.'

우리는 보트를 돌리는 것이 아쉬워서 손을 머리 위로 높이 들고 흔들면서 "잘 있어! 건강하고! 통일되면 꼭 보자!" 하고 소리 질렀습니다. 눈물의 작별 인사를 했습니다.

건너편에서도 아이들이 우리를 향해 손을 흔들며 인사해 주었습니다.

"잘 가라우. 잘 가!"

몇 년 전 일인데도 아직도 눈앞에 그 아이들이 아른거립니다. 특히 제게 끝까지 반말로 대답하던 맹랑하지만 사랑스러웠던 그 꼬마 녀석을 진짜로 보고 싶습니다. 지금쯤이면 어엿한 청소년이 되었을 텐데. 또박또박 말 잘하는 아이를 보면 어김없이 그 북한 아이가 생각납니다. 그래서 생각날 때 마음속으로 그 아이를 위해서 기도하게 됩니다.

최선은 마음입니다

운동장에서 중국 청년들, 초등학생들과 축구를 했습니다. 축구를 하며 자연스럽게 친해질 수 있었고 자매들은 여자아이들과 수건돌리기, 술래잡기, 땅따먹기, 무궁화 꽃이 피었습니다 같은 놀이를 하며 금세 친해졌습니다.

이렇게 친해진 아이들에게는 복음을 자연스럽게 전할 수 있었습니다. 아이들과 함께 사진을 찍고 준비해 간 선물과 성경책을 나눠 주면서 우리의 진심을 통해 예수님의 사랑이 전해지기를 간절히 소망했습니다.

축구를 하고 오는 길에 운동장에서 쓰레기 줍는 할아버지를 만났습니다. 다가가서 공손히 인사를 드렸는데, 페트병 같은 쓰레기를 집게로 주우시는 모습을 보니 마음이 아팠습니다. 한국에서 온 학생들이라고 소개하자 이야기도 잘 들어주셔서 복음을 전할 수 있었습니다.

할아버지를 위해 기도해 드리겠다고 하며 저도 모르게 할아버지를 와락 끌어안았습니다. 안은 상태에서 제가 할 수 있는 가장 진심어린 기도를 드렸습니다. 팀원들도 저와 할아버지 뒤에 서서 중보 기도를 해주었습니다. 다들 기쁨과 감사의 눈물을 흘렸습니다. 꼭 그 할아버지가 교회를 다니고 예수님을 영접하셨기를 바랍니다.

인도네시아,
꼭 가야만 했던 나라

꺼져 가는 불꽃을 살려서 떠났습니다

2월쯤 그해 여름 단기 선교를 갈 나라별로 팀원을 모집합니다. 저도 기도한 후에 인도네시아를 선택했습니다. 주일 청년부 예배 후에 나라별로 모여서 기도 모임을 갖고 준비 상황을 나누며 예전에 해당 선교지를 다녀온 분들의 간증을 듣곤 했습니다.

이렇게 차근차근 준비를 해나갔는데, 이상하게 시간이 갈수록 팀원들이 한 명씩 빠져나가기 시작했습니다. 처음에는 스무 명도 넘게 모였던 인도네시아 팀인데 이런저런 이유로 다 빠져나가더니 어느 순간 한 자리 수만 남았습니다. 그러더니 선교를 떠나기 한 달 전에는 오로지 저 혼자 남게 되었습니다. 졸지에 팀장이 되었는데 마음이 무척 아팠습니다.

"병호야, 이번에 인도네시아 팀원 구성이 안 됐다는 얘기를 들었어. 이번에 나는 ○○로 가는데 나랑 같이 갈래?"

이렇게 얘기해 주는 사람이 많았습니다. 저를 걱정해서 건네는 말이기에 괜찮았습니다.

그런데 기도를 하면 할수록 인도네시아에 꼭 가야겠다는 마음이 더 절실해졌습니다. 하나님이 반드시 보내 주실 거라는 확신도 들었습니다. 그래서 담대하게 마음을 먹고 용기를 내서 적극적으로 팀원을 찾아 나서기로 했습니다. 청년부 예배 광고 시간에 앞에 나가서 직접 마이크를 붙잡고 인도네시아 선교팀원 모집 광고를 하기도 했습니다.

그 결과 어렵게 직장 휴가를 내고 가겠다는 지체, 광고를 듣고 온 지체, 평소에 알고 지내던 다른 교회 성도 등 총 9명의 팀원이 모였습니다. 얼마나 감사했는지 모릅니다. 날아갈 듯이 기뻤습니다. 무엇보다 인도네시아가 우리를 기뻐할 것 같았습니다.

선교 여행을 갈 때마다 인원이 넘치곤 했는데 그때처럼 힘들게 극적으로 떠난 여행은 처음이었습니다. 그 경험 때문에 저는 이렇게 하나님께 약속 드렸습니다.

"하나님, 인도네시아 선교를 가게 해주셔서 감사드립니다. 앞으로 어느 나라로 선교를 가든지 결정을 내릴 때는 기도하고 하나님이 감동을 주시는 나라로 가겠습니다. 그런데 혹시 팀원 구성이 되지 않아 곤란한 팀이 생긴다면 제가 자원하여 선교를 가겠습니다. 사랑합니다. 하나님."

제 기도를 하나님이 기쁘게 받으셨다는 것을 느낄 수 있었습니다. 그리고 기도 드렸던 대로 2012년에는 아주 기쁜 마음으로 몽골로 선교 여행을 떠났습니다. 그 전해에는 팀원이 세 명밖에 모이지 않아 결국 선교를 가지 못했던 나라였습니다.

복음을 들고 섬에서 섬으로

인도네시아는 아시는 대로 1만 3,000여 개가 넘는 무수히 많은 섬들로 구성된 나라입니다. 섬에서 섬으로 배를 타고 이동해야만 했습니다. 선교사님이 인도하시는 대로 각 섬에 있는 교회를 방문했는데 갈 때마다 다른 종류의 배를 타게 되었습니다.

나중에 알았는데 우리가 탔던 싸구려 배의 뱃삯도 섬사람들에게는 무척 큰돈이라고 합니다. 그래서 그 배조차 잘 타지 못한다고 하니 가슴이 아팠습니다.

또 물결이 거칠 때는 배가 뒤집히는 사고도 일어난다는데 그렇게 배를 많이 갈아타고 다녔어도 아주 작은 사고조차 일어나지 않았습니다. 우리를 온전히 지켜 주신 하나님께 감사가 절로 나왔습니다.

우리가 가는 교회마다 아이들이 마구 몰려들었습니다. 100명, 150명, 200명이 모였습니다. 조그마한 예배당에 더 이상 들어올 공간이 없어서 밖에 서서 볼 정도였습니다. 한국에서 사람들이 왔다고 섬에 사는 아주머니들이 아기들을 안고 보러 오기도 했습니다. 넘치도록 사람들을 보내 주셔서 감사할 뿐이었습니다.

준비해 간 태권도 시범과 부채춤, 워십을 최선을 다해서 보여 드렸습니다. 아이들에게 그림도 그려 주고 풍선으로 예쁜 동물들을 만들어 주기도 했습니다. 다 같이 찬양하는데 아이들이 어쩌면 그렇게 예쁘게 따라하며 열심히 부르던지…. 비록 겉으로는 흙먼지로 덮여서 꾀죄죄한 해진 옷을 입고 있었지만 찬양하는 얼굴만큼은 천사와 다름없었습니다.

교회마다 간식과 선물은 넉넉하게 준비하는 게 좋다는 선교사님의 조언에 따라 아이들이 좋아할 간식을 푸짐하게 사 가지고 갔는데 작은 것 하나에도 두 손을 내밀어 받고 감사하다며 해맑고 행복하게 웃는 아이들을 보니 저도 모르게 기쁨의 눈물이 흘렀습니다. 하나님이 주신 기쁨과 감동으로 눈물이 절로 주르륵 흐르는 경험을 해보신 분들은 무슨 말인지 아실 겁니다.

인도네시아에서 사역하고 계시는 조기술 선교사님과 최진억 선교사님을 뵙고 이야기를 하는 동안 이분들이 그 나라를 얼마나 사랑하시는지 느낄 수 있었습니다. 우리나라와 인도네시아가 축구 경기를 하면 인도네시아를 응원하시고도 남을 분들이었습니다. 그만큼 인도네시아 사람들의 영혼을 품고 사랑하며 기도로 섬기고 계셨습니다. 그 사랑을 고스란히 느낀 우리는 은혜를 받을 수밖에 없었습니다.

그녀는 선교지에서 믿음의 첫발을 떼었습니다

선교팀 멤버 중에 새가족이 한 명 있었습니다. 어떻게 새가족이 선교를 가게 되었느냐고요? 인도네시아 팀원을 모집하던 중에 같은 마을 친구 진한이가 합류하게 되었는데, 이 친구를 놓고 기도하다가 그에게 여동생이 한 명 있다는 사실이 번뜩 떠올랐습니다.

"진한아. 이참에 니 동생 전도 한번 해보자. 이번에 선교 갈 때 니 동생도 같이 가자고 해봐라. 물론 경비는 니가 다 대 주그라. 니 그만한 능력 되잖아. 동생이 얼마나 좋아하겠노? 아마 틀림없이 간다고 할걸. 준비 모임을 해야 하니까 아예 이번 주부터 교회 나오라 하고. 어때, 완전 좋은 아이디어제? 기도하는데 니 동생 진짜 갈 수 있을 것 같아."

진한이는 멋진 친구입니다. 믿음도 좋고 배짱도 좋고 저와 동갑인데 형같이 듬직한 친구이죠. 분명히 여동생에게도 큰 신뢰를 받는 좋은 오빠일 거란 생각에 적극적으로 하면 분명히 갈 것이라는 확신이 들었습니다. 친구의 기도와 전적인 후원 덕분에 여동생이 기쁜 맘으로 교회에 나오게 되었고 선교도 같이 갈 수 있었습니다.

교회 온 지 얼마 안 되었다고 걱정할 필요가 전혀 없었습니다. 선교를 몇 번 갔다 온 저보다도 오히려 꼼꼼하게 각종 기구들을 준비해서 '진한이 여동생, 소현이가 같이 오지 않았더라면 어쩔 뻔했나' 하는 생각이 들 정도였습니다.

소현이는 선교 기간 중에 최진억 선교사님의 사모님을 통해 예수님을 인격적으로 만나 영접 기도도 인도네시아에서 했습니다. 그때

진한이와 팀원들이 모두 얼마나 감사하며 기쁨의 눈물을 흘렸는지 모릅니다.

믿음이 쑥쑥 자라난 소현이는 이제 교회 청년부 여부회장이 되어 하나님을 섬기는 주님의 신실하고 귀한 일꾼이 되었습니다.

터키, 지금도
피 흘리는 나라

죽기까지 믿음을 지킨 이들 앞에서

터키에서 가장 놀랍고 감동스러웠던 순간은 카파도키아(Cappadocia) 지하교회로 직접 들어갔을 때였습니다. 페르시아어로 '아름다운 말(馬)'이란 뜻의 카파도키아는 박해를 피해서 온 그리스도인들이 땅속 깊은 동굴에서 300년 동안이나 살았던 곳입니다. 주후 313년 콘스탄티누스 1세가 기독교를 공인했지만 그들에게는 소용이 없었습니다. 교인들을 꾀어 내기 위한 술수라고 여겨서 더욱 깊은 곳으로 숨어 들었던 것입니다.

허리를 굽혀 땅굴로 들어가 봤는데 정말 미로 같았습니다. 앞 사람을 잘 따라가야지 그렇지 않으면 길을 잃을 것만 같았습니다. 어마어마한 규모의 개미집이 따로 없었습니다. 게다가 실제로 그곳에서 평생 동안 햇빛도 한번 못 본 채 살았던 사람도 있다니 기절할 노릇이었습니다.

우리가 간 곳은 지하 8층까지 있다고 하는데 이중 가장 넓은 곳이 지하 4층에 있습니다. 바로 예배를 드리던 곳입니다. 주님께 예배드리기 위해 일부러 딱 가운데층인 4층에 예배당을 지은 것입니다.

그 말씀을 듣는 순간 온몸에 전율이 느껴졌습니다.

'이 정도로 예배에 목숨을 걸다니….'

예배당 곳곳에서 그분들의 숨결이 느껴지는 것만 같았습니다. 여기저기 둘러보고 기둥을 손으로 만져 보며 그분들의 숭고한 정신을 마음속에 새겼습니다.

가는 곳마다 고대 유물이 거의 그대로 보존된 것을 보니 마치 제가 시간을 거슬러 몇 천 년 전으로 돌아간 듯한 오묘한 기분이 들었습니다. 그중에서도 가장 기억에 남는 곳 중 하나가 바로 두란노서원으로 바울 사도가 3차 전도 여행 때 에베소에서 성령 받은 제자들을 따로 세워 하나님의 말씀으로 양육했던 곳입니다.

두란노서원 자리라고 추정되는 곳에 거대한 고대 유물이 서 있습니다. 유명한 셀수스(Celsus) 도서관입니다. 주후 135년 로마제국의 아시아 지역 통치자였던 집정관 아킬라(C. Aquila)가 자신의 아버지 셀수스를 기리기 위해 세웠다고 하는데 당시에 약 12,000여 권의 장서가 있던 곳이라 많은 학자들이 이곳에서 연구하며 토론하기도 했습니다.

그런데 놀라운 사실은 도서관 맞은편에 창녀촌이 있었는데 지하로 연결되어 있었다는 것입니다. 학자들이 도서관으로 들어가는 척하고 지하 통로로 창녀촌을 드나드는 일이 잦았다고 합니다. 절대 겉과 속이 다른 사람이 되지 말아야겠다는 생각이 들었습니다.

두란노서원이 있던 자리를 지나 길을 따라가니 원형극장이 나왔습니다. 바울 사도가 이곳에서도 복음을 전파했다고 합니다. 처음에는 그리스도인들을 핍박했으나 나중에는 예수님을 만나서 로마에까지 복음을 전했던 위대한 인물, 바울을 떠올리며 저도 원형극장 가운데서서 "하나님!" 하고 크게 소리 질러 봤습니다. 맨 꼭대기에서도 들릴 정도로 소리가 크게 울려 퍼졌습니다. 바울의 복음에 대한 열정이 제 마음속에 가득 차는 것 같았습니다.

원형극장을 나오는 길에 바닥에 그려진 수레바퀴 그림을 봤습니다. 그 옆에는 눈에 익은 글자가 보였습니다. 바로 당시 그리스도인들이 믿음의 상징으로 삼았던 익투스(ἰχθύς)였습니다. '이에수스 크리스토스 데오스 휘오스 소테르(Ἰησοῦς Χριστός θεός υἱός σωτήρ)'의 약자로 '하나님의 아들이자 구원이신 예수 그리스도'라는 뜻인데 물고기와 발음이 같아서 물고기가 예수님의 상징이 되기도 했습니다.

곳곳에서 신앙을 지키기 위해 목숨을 바치신 분들의 흔적을 보니 이분들이 핏값을 치르고 지켜 낸 귀한 복음을 더욱 힘써서 전해야겠다는 생각에 가슴이 뜨거워졌습니다.

선교 여행을 떠나기 전에 2007년에 터키에서 모슬렘 청년들에 의해 순교하신 세 분의 영상을 본 적이 있습니다.

독일인 틸만 선교사와 현지 사역자인 네자티와 우르 세 분이 함께 성경 공부를 하던 이십 대 전후의 청년들에게 잔혹하게 살해되셨습니다. 모슬렘 청년들이 사전에 모의하고 일부러 접근해서 성경 공부 모임에 참석한 것이었습니다.

이들은 세 분의 믿음의 형제들을 총으로 위협해 의자에 묶은 다음 예수 그리스도를 부인하고 알라를 유일한 최고의 신으로 받아들일 것을 강요하며 칼로 고문하기 시작했습니다. 휴대전화 카메라로 촬영하기도 했습니다. 네자티 형제는 99번, 틸만 선교사님은 156번이나 찔렸으며 우르 형제는 그 찔린 횟수를 셀 수조차 없었습니다. 손가락 하나하나를 자르고 코와 입과 항문까지도 칼집을 내어 벌려 놓았습니다. 창자를 꺼내 다른 형제들이 보는 앞에서 조각을 내기도 했습니다.

틸만 선교사님에게는 부인과 세 명의 자녀가, 네자티 형제에게는 부인과 두 명의 자녀가 있었습니다. 우르 형제는 평소에 "우리 민족에게 하나님의 참다운 사랑을 전하다가 죽을 준비가 되어 있습니다"라고 고백했다고 합니다.

순교한 형제들을 가장 힘들게 했던 것은 다른 형제들이 고통스럽게 죽어 가는 모습을 지켜 봐야만 하는 것이었습니다. 세 시간 동안 잔혹한 고문이 이어졌지만 그들 중에 누구 하나 예수 그리스도를 부인하는 사람이 없었습니다. 형체를 알아볼 수 없을 정도로 난도질을

당한 형제들은 결국 모두 목이 잘려 순교했습니다.

사건이 일어난 직후 현지 방송인 앙카라TV에 나온 틸만 선교사님의 부인 수산나는 "저들을 용서합니다. 왜냐하면 그들은 자신들이 한 일이 무엇인지 진실로 모르기 때문입니다"라고 공개적으로 용서를 선포했습니다.

평소에도 "무슬림으로 태어났지만 그리스도인으로 죽을 것"이라고 입버릇처럼 말해 왔던 네자티 형제의 부인은 이렇게 고백했습니다.

"그는 그리스도를 위해 살았고 그리스도를 위해 죽었기 때문에 그의 죽음은 정말 의미 있는 죽음입니다. 내 남편 네자티는 하나님이 주신 선물이었습니다. 그와 인생을 같이했다는 것 자체가 영광스럽습니다. 제게는 영광의 면류관입니다. 이 영광에 합당한 삶을 살기 원합니다."

이 일을 계기로 네자티의 장례식이 열린 이스탄불 광장에는 수백 명의 숨어 있던 터키인 그리스도인들이 "우리도 그리스도인이다. 우리도 죽여라"고 외치며 몰려 나왔습니다.

땅을 피로 물들이는 대신에 하늘을 여는 사람들을 보며 삶 속에서 제 자신이 주님의 종인 것을 스스로 고백하며 주님을 위해 값진 것을 드리는 자가 되기를 기도합니다.

몽골, 그를 위하여
가라

제 아무리 사탄이라도 어쩔 수 없는 것

사탄은 집요하고 부지런합니다. 몽골 선교를 가기 전에 사탄과 씨름하는 일이 있었습니다.

몽골 선교팀의 팀원 중에 한 지체가 회사에서 중국에 있는 거래처로부터 주거래 은행이 바뀌었으니 새로운 은행으로 송금을 해달라는 메일을 받았습니다. 첨부된 서류와 도장을 모두 확인해 보니 회사 것이 분명해서 1억 원을 새 계좌로 송금했습니다.

그런데 얼마 뒤에 어찌된 영문인지 중국 거래처에서 대금 독촉 연락이 온 것입니다. 알고 보니 누군가가 해킹하여 거짓 서류를 완벽하게 꾸민 후 메일을 보냈던 것입니다.

사정을 알게 된 사장님은 노발대발하셨고 선교팀의 지체는 사태를 수습하기 위해 동분서주해야 했습니다. 1억이라는 큰돈을 한순간에 날리게 되었으니 오죽했겠습니까?

지체는 가장 먼저 선교팀에 기도 부탁을 해왔습니다. 우리는 연락을 받은 즉시 각자 있는 자리에서 중보 기도에 들어갔습니다.

결말이 어떻게 되었을까요? 사건은 천만다행으로 "할렐루야!"로 마무리되었습니다.

지체가 송금한 돈이 사기꾼의 통장으로 바로 넘어간 게 아니라 중간에 어떤 은행을 거치도록 되어 있었는데 중간 은행에서 송금 처리를 하면서 영어 철자 하나를 잘못 기입하는 바람에 1억 원이 중간 은행에 그대로 묶여 있었던 것입니다.

놀랍도록 일을 해결해 주신 하나님께 감사와 영광을 올려 드렸습니다. 그때 틀렸던 영어 철자 하나가 무엇인지는 몰라도 1억 원짜리 철자임에는 틀림없습니다.

이 일을 계기로 지체는 모든 일 처리가 더 꼼꼼해졌고 어떤 일이든 하나님께 매달리면 된다는 믿음이 생겼으며 합심 기도의 위력을 알게 되었습니다.

만약에 이 일이 해결되지 않았더라면 지체는 우리와 함께 떠나지도 못했을 것입니다. 그가 없는 몽골 선교팀은 생각할 수 없을 정도로 누구보다도 성실하게 역할을 감당해 주어서 더욱 감사했습니다.

덕분에 한 지체의 소중함을 새삼 깨닫는 선교 여행이었습니다.

사탄은 어떻게 해서든 선교를 가지 못하도록 방해합니다. 하지만 하나님 편에 꼭 붙어 서서 걷기만 하면 사탄의 머리를 짓밟고 밟는 땅마다 승리의 깃발을 꽂을 수 있게 됩니다.

아이부터 어른까지 누구나 복음이 필요합니다

몽골 에르드넷(Erdenet) 지역의 교회에서 사역을 시작했습니다. 첫째 날 아이들이 서른 명 정도 왔는데 찬양과 신나는 율동을 하고 준비해 간 칠교 조각 공연과 태권도 시범을 보인 후에 어린이를 위한 설교를 했습니다. 설교 후에는 색종이 접기, 페이스페인팅, 운동회 등을 하면서 사진도 찍고 맛있는 간식과 함께 선물을 나눠 주었습니다.

둘째 날은 예배가 시작되기 한 시간 전부터 아이들이 몰려들기 시작하더니 물밀듯이 몰려왔습니다. 몽골 아이들은 바닥에 앉기 힘들어 하기 때문에 계속해서 장의자를 옮겨 와야 했습니다. 입구가 워낙 좁아서 의자 하나 옮기는 데도 애를 먹었지만 그래도 아이들이 몰려오니까 기뻐서 힘든 줄도 몰랐습니다.

아이들의 머릿수를 헤아리고 돌아서서 또 헤아리면 더 늘어나 있으니 간식 팀, 선물 팀, 어린이 사역 팀 등 모두가 갑자기 분주해져서 당황스러웠지만 행복한 비명을 질러 댔습니다. 인근 동네 아이들이 다 온 것 같아서 기뻤습니다.

첫째 날 왔던 한 아이가 자기 친구들을 데려왔는데 그중 몇몇 친구들이 교회 문 앞에서 부끄러운지 도망가자 제 팔을 잡아당기며 도망간 친구들 쪽을 가리켰습니다. 말은 통하지 않았지만 자기 친구들을 교회 안으로 데리고 들어오고 싶어 하는 마음이 저에게 고스란히 전해졌습니다. 그래서 얼른 달려가 두 팔을 벌려서 아이들을 안아 주며 "들어와, 어서. 웰컴, 웰컴, 컴온" 하고 다정하게 말해 주었습니다. 그러자 다른 몽골 아이들이 그 아이들의 등 뒤로 가서 밀기 시작했습니다. 부끄러운 듯 몸을 이리저리 비틀면서도 자기들끼리 킥킥 웃으며 교회 안으로 들어가는 아이들의 뒷모습을 보며 두 팔 벌려 그 아이들을 맞이하시는 예수님의 모습이 그려졌습니다.

'어서 가자, 어여 가. 하나님, 여기 새 친구들이 몰려가요. 감사합니다. 지금 이 순간 정말 정말 행복해요, 하나님.'

선교사님도 행복하신지 아이들과 사진을 찍어 달라고 부탁하시며 내내 환하게 웃으셨습니다. 촬영을 담당한 저는 그 순간을 놓치고 싶지 않아서 아이들의 웃음을 다 담기 위해 이리저리 뛰어다녔습니다.

아이들의 표정은 하나같이 아름다운 아기 천사 같았습니다. 아기 천사들을 한 명 한 명 꼭 안아 주고 기도해 주고 예수님의 이름으로 사랑하고 축복한다고 속삭여 주었습니다.

어린이 예배 후에 우리는 네 팀으로 나누어 노방 전도에 나섰습니다. 길이라고 해야 사방팔방 둘러봐도 온통 푸른 들판뿐이었습니다. 간간이 동화책 속 그림같이 예쁜 빨간 지붕과 '게르(ger)'라는 이동식 천막집이 보일 뿐입니다.

현지인 여자 집사님과 그분의 아이 그리고 청년 네 명이 한 팀이 되어 돌아다녔습니다. 초록색 들판 위에 하양, 노랑, 보라, 파랑, 분홍 등

각양각색의 들꽃들이 아름답게 깔려 있어서 카메라 셔터를 연신 누르며 걸었습니다.

그렇게 걷다가 들판 위에 앉아 있는 남자 두 분을 만났습니다. 그들에게 복음을 전하기 위해 다가갔는데, 저는 유일한 형제로서 자매들을 보호해야 할 의무가 있기에 한순간도 경계를 늦출 수가 없었습니다.

그런데 이게 웬일입니까? 복음을 다 전하고 돌아섰는데 아저씨 중에 한 분이 우리를 다시 부르신 것입니다. 아저씨가 손으로 하늘을 가리켰다가 두 손을 가슴에 모으기를 반복하셨습니다. 순간 '아, 예수님을 영접하고 싶으시다는 거로구나' 하고 알아차렸습니다. 우리는 너무나 놀랍고 기뻤습니다.

다시 그 두 분께 다가갔습니다. 우리가 조금 전에 복음을 전해 드릴 때와는 완전히 다른 눈빛을 하고 바른 자세로 앉아 계셨습니다. 우리는 두 분을 둘러싸고 무릎을 꿇고 앉아 어깨에 손을 얹었습니다.

제가 두 분의 영접 기도를 인도하게 됐는데 남녀노소 할 것 없이 많은 사람의 영접 기도를 같이 해봤지만 해외에서 노방 전도를 하다가 그 자리에서 즉시 기도하게 된 경우는 처음이었습니다.

기도하는 동안 훌쩍거리는 소리가 들리더니 아저씨가 붉게 충혈된 눈으로 계속 눈물을 흘리고 계셨습니다. 성령님의 임재하심을 제 영으로 느낄 수 있었습니다. 어떻게 이런 일이 일어날까 기도하면서도 놀랍고 감사했습니다.

한국에서 울란바토르까지 비행기로 네 시간, 울란바토르에서 에르드넷까지 버스로 여덟 시간을 달려온 이유를 알았습니다. 낯선 몽골 땅에 사는 두 분을 위해 우리를 이곳으로 부르셨다는 생각에 가슴이 벅차올랐습니다.

"하나님, 감사드립니다. 참으로 감사드립니다. 여기 몽골뿐만 아니라 지구 반대편이라도 주님이 가라고 하시면 가겠습니다. 저에게 붙여 주실 한 영혼을 위하여 어디든지 가겠습니다. 부족한 저를 사용해 주셔서 감사합니다."

"주께서 이르시되 가라 이 사람은 내 이름을 이방인과 임금들과 이스라엘 자손들에게 전하기 위하여 택한 나의 그릇이라"(행 9:15).

Chapter 2

지금 있는 곳이
땅끝

....

가까우면서도
먼 곳이 있습니다

꼴랑 학생 둘에 교사는 스무 명

2003년부터 여름방학과 겨울방학, 일 년에 두 차례씩 농어촌 선교 여행을 다녀오고 있습니다. 제가 다니는 수영로교회 대학·청년부가 연례행사로 방학 때마다 전국 각지에 흩어져 성경 학교를 열기 때문입니다. 저는 주로 밀양, 사천, 진주 등 경남 지방에 있는 미자립 농어촌 교회들을 대상으로 사역하고 있습니다.

주님의 은혜로 십 년 동안 계속 이 사역에 동참하고 있는데 2004년 부터는 줄곧 팀장을 맡아 적게는 15명, 많게는 50명 정도의 청년·대학생들과 함께 사역해 왔습니다.

대부분의 사람들이 그렇듯이 저도 처음에는 농어촌의 환경이 낯설어서 적잖이 당황했던 것 같습니다. 첫 사역지는 밀양이었는데 열악한 환경에 놀랐습니다. 교회 건물은 가건물이었고 화장실은 푸세식이었습니다. 게다가 동네에 웬 절이 그렇게 많고 우상이 많은지요. 무엇보다도 성도가 3~4명 정도밖에 안 된다는 사실이 무척 가슴 아팠습니다.

예순이 넘은 목사님께서 저보고 동네 아이들을 데리러 같이 가자고 하셨습니다. 흔쾌히 따라나섰는데 교회 승합차를 보고 깜짝 놀라고 말았습니다. 그야말로 폐차 직전의 상태였습니다. 순간 너무 놀란 나머지 해서는 안 될 말이 입에서 불쑥 튀어나왔습니다.

"저… 기… 목사님 이 차가 굴러가긴 하나요? 폐차시켜야 할 것 같은데요!"

아차 싶었지만 이미 뱉은 말을 주워 담을 수도 없고 당황한 표정으로 서 있었습니다. 목사님은 제 말에 조금 놀라신 것 같았지만 금세 허허 웃으며 말씀해 주셨습니다.

"맞아요. 사실은 폐차하려던 차인데 제가 80만 원 주고 샀어요. 그것도 월 10만 원씩 할부로요. 허허허."

죄송한 마음을 안고 목사님이 운전하시는 차의 조수석에 올라탔습니다. 아이들을 데리러 가는 길은 아주 좁은 비포장도로였습니다. 어찌나 덜컹거리던지 속이 울렁거렸는데 까딱하면 논두렁에 빠질 것 같아서 긴장을 늦출 수가 없었습니다. 게다가 햇빛을 마주 보고 달리는데 가리개가 없어서 눈을 제대로 뜰 수가 없었습니다. 나중에는 아예 옆으로 틀어 앉아 손으로 눈을 가려야 했습니다.

목사님은 대체 운전을 어떻게 하실까 하는 걱정에 손가락 사이로 목사님을 쳐다봤더니 실눈을 뜬 채 눈물을 흘리며 운전을 하고 계셨습니다.

"목사님, 눈이 따갑지 않으세요?"

제가 거의 소리 지르다시피 묻자 목사님이 또 허허 웃으며 말씀하셨습니다.

"자주 있는 일이라 괜찮습니다. 곧 아이들을 볼 텐데요, 뭘."

목사님이 아이들을 얼마나 사랑하시는지 느낄 수 있었습니다.

15분 정도 달린 끝에 드디어 차가 허름한 집 앞에서 멈춰 섰는데 여섯 살 난 아이가 한 명 탔습니다. 왔던 길을 5분쯤 되돌아가자 이번에는 초등학교 2학년짜리 여자아이가 한 명 탔습니다. 그러고는 곧장 교회까지 내달렸습니다.

교회에 도착하자 목사님이 아이들을 사랑스럽게 안아서 내려 주시더니 제게 말씀하셨습니다.

"자, 올 아이들은 다 왔습니다. 데리고 들어가서 성경 학교 시작하시죠."

그 순간 제가 또 실언을 하고 말았습니다.

"애개, 꼴랑(겨우, 단지의 사투리) 두 명이 다라고요?"

"네."

목사님의 미소를 보고 멍해져서 더 이상 아무 말도 꺼낼 수가 없었습니다.

그때 저희 팀이 스무 명 정도였으니 아이 한 명당 열 명의 선생님이 있었던 것입니다. 한 영혼이 천하보다 귀하다는 말씀을 비로소 실감할 수 있었습니다.

'이 어린아이 둘을 태우기 위해 폐차 직전의 차를 월 10만 원씩 주고 사셨다니…'

놀랍기도 하고 존경스러운 마음에 한 가지 다짐을 하게 되었습니다.

'나도 나중에 차를 사게 되면 목사님처럼 복음을 전하는 데 마음껏 써야겠다.'

한 아이를 천하보다 귀히 여기고 아끼시는 목사님을 뵈니 제 사랑이 얼마나 현실적이고 제한적인지를 깨달을 수 있었습니다.

집에 돌아오자마자 차량용 햇빛 가리개를 주문해서 목사님께 보내 드렸습니다.

농어촌 교회에서 선교팀이 할 수 있는 가장 좋은 일은 그 교회 목사님의 말씀에 순종하는 것입니다. 목사님이 요청하시는 대로 했을 때 가장 아름다운 사역의 열매들이 맺히는 것을 경험합니다.

아이들과 놀아 주는 것이 최고의 선교

어린이 사역에 있어서 가장 좋은 것은 아이들과 함께 신나게 놀아 주는 것입니다. 선교팀이 형, 오빠, 누나, 언니가 되어서 아이들과 마음껏 뛰어놉니다. 운동장에서 축구, 농구, 발야구 등 미니 올림픽을

엽니다. 술래잡기를 하거나 보물찾기를 할 때도 있습니다. 보물찾기에서 보물을 찾으면 선교팀 지체들이나 동네 아이들이나 기뻐 뛰는 모습은 똑같습니다.

성경 학교가 열리면 소식을 듣고 꽤 먼 동네에서 사는 아이들도 몰려옵니다. 이런 모습을 보면 아이들과 신나고 재미있게 놀아주는 것을 왜 최고의 선교라고 하는지 이해할 수 있습니다.

바닷가에서 아이들과 수영하거나 모래찜질을 하고 동네 목욕탕에서 다 같이 목욕을 하기도 합니다. 아이들과 어울려 놀다 보면 동심의 세계로 완전히 돌아가는 것만 같습니다.

선생님들이 마련한 간식을 눈 깜짝할 사이에 다 먹어 치우고 나서 있는 힘껏 찬양하고 율동합니다. 성경 공부와 나눔도 열심히 참여합니다. 아이들에게 말씀의 씨앗을 뿌리고 깊이 뿌리가 내리도록 기도합니다. 인생 상담이나 진로 상담을 해줄 때도 있습니다.

아이들은 순수합니다. 세족식 때 예수님이 제자들에게 그러셨던 것처럼 선생님들이 아이들 앞에 무릎 꿇고 발을 씻어 주고 기도해 주면 아이들이 처음에는 당황하다가 눈물을 흘립니다. 회개의 시간에는 그동안 자기가 지었던 죄들을 종이에 다 쓰고 나서 불로 태우는데 아이들 스스로 다시는 나쁜 행동을 하지 않고 하나님께 귀히 쓰임 받는 축복의 사람이 되게 해달라고 얼마나 간절히 기도하는지 모릅니다. 작고 여린 손을 모으고 기도하는 모습이 진짜 아기 천사들 같습니다.

어르신들께 드릴 선물이 있습니다

농어촌 교회 목사님들이 꼭 원하시는 사역이 있는데 이름하여 어르신 사역입니다.

마을을 돌아다니며 준비해 간 전도지와 간식을 어르신들께 나눠드리며 예의바르게 초청합니다. 한 분이라도 더 모실 수 있도록 최선을 다합니다.

용돈이 궁한 대학생들은 2~5만 원, 직장에 다니는 청년들은 5~10만 원 정도의 선교 헌금을 형편 닿는 대로 작정하고 냅니다. 어르신들이 좋아하시는 선물로 준비한 비누, 칫솔, 치약, 샴푸, 주방세제, 파스 같은 생필품들을 기도하는 마음으로 정성껏 포장합니다.

돼지를 잡아서 돼지고기 파티를 하기도 하고 삼계탕을 대접해 드리기도 하는데 맛있게 드시는 어르신들의 모습을 보면 덩달아 행복해지고 감사가 넘쳐납니다. 풍성한 식사 후에는 준비해 간 부채춤과 태권도 시범을 보여 드리고 어르신들과 함께 포크댄스를 추면서 찬양하고 미니 개그콘서트와 차력쇼도 합니다.

어느 목사님은 개척하고 나서 최대 인원이 교회에 출석했다고 하면서 아기처럼 방실방실 웃으셨는데 지금도 그 모습이 잊히지 않습니다.

목사님이 간단하게 말씀을 전하시고 나면 마지막 순서가 남아 있습니다. 제가 마이크를 잡을 차례입니다.

"저희가 준비한 공연과 모든 순서가 끝났습니다. 그런데 마지막 선물이 하나 남아 있어요. 이 선물은 원하시는 분들께만 드리려고 합니다. 원치 않으시면 그냥 가셔도 됩니다. 저희가 댁까지 모셔다 드릴게요. 저희가 준비한 마지막 선물은 바로 예수님의 복음입니다."

간혹 한두 분이 먼저 나가시기도 하지만 대부분은 끝까지 남아서 예수님을 선물로 받으시려고 합니다. 바로 이 순간을 위해서 달려온 것이기에 다들 벅찬 가슴으로 어르신들 옆에 다가가 4영리로 복음을 전합니다. 일흔, 여든, 아흔이 넘으신 어르신들이 당신들의 손주들보다도 더 어린 청년들의 말에 귀를 기울이십니다.

"어르신, 사람은 죄인입니다. 어르신 또한 죄인입니다. 죄의 삯은 사망이라는 말씀처럼 우리들은 모두 언젠가는 죽습니다. 또 성경에 '한번 죽는 것은 사람에게 정해진 것이요 그 후에는 심판이 있으리니'라고 말씀하고 있습니다. 사람이 죽은 후에는 심판을 받게 됩니다. 그 심판자가 누구냐면 바로 하나님이십니다. 하지만 하나님이 우리 죄를 위해서 하나밖에 없는 아들 예수 그리스도를 이 땅에 보내주셨습니다. 예수님이 우리를 대신하여 십자가에 못 박혀 피 흘려 돌아가주셨습니다. 그 예수님의 피로 말미암아 우리의 모든 죄가 씻김 받고 용서받은 것입니다.

이제 어르신은 죄인임을 고백하시면 됩니다. 그리고 마음의 문을 열고 예수님을 구주로 모셔 들이시기만 하면 됩니다. 그러면 하나님의 자녀가 되어 심판 받지 않습니다. 하나님의 거룩한 자녀가 되시는 거예요. 예수님을 어르신의 구주로 모셔 들이시겠습니까?"

어르신들이 고개를 끄덕끄덕하십니다. 그러면 손을 잡고 영접 기도를 하실 수 있도록 같이 기도하는데 어르신들이 눈물을 흘리시면 우리도 따라 눈물이 납니다. 천국 생명책에 이분들의 이름이 기록된 것을 생각하니 황홀하기 그지없는 순간입니다.

선교 여행에서 돌아오면 모두들 다시 일상으로 돌아갑니다. 부산에서 그리 멀지 않은 곳에 있는 시골 교회에 선교 여행을 다녀온 이후에 주일마다 주일학교 교사로 섬기기 위해 가는 지체들도 있습니다. 직접 가지는 못하지만 친구들을 위해 차비를 후원하는 지체들도 있습니다.

그 섬김이 얼마나 귀한지 모릅니다. 이 모든 일을 가능케 하신 하나님께 찬양과 영광을 올려 드립니다.

두 렙돈을 낼 수 있어서 행복합니다

한번은 이런 일이 있었습니다. 농촌 교회에서 여름 성경 학교를 열게 되었는데 선발대에 지체 장애 1급인 형제가 한 명 있었습니다. 마침 제가 운전하는 차에 같이 타고 가게 되어 시골 교회까지 가는 3시간 동안 많은 이야기를 나누게 되었습니다.

형제는 신경 써서 힘주어 말하지 않으면 발음이 새기 때문에 또박또박 천천히 자신이 예수님을 믿기 전에 어떻게 살았고 예수님을 어떻게 만났으며 지금은 또 얼마나 행복한지 들려주었습니다.

"병호 형, 제가요, 처음부터 몸이 이래 아프지는 않았어요. 원래 고등학교 때까지는 정상이었거든요."

"아, 그랬구나."

"스물 살이 넘어서면서부터 몸이 자꾸 이상해지더라고요. 유전병

이래요. 한쪽 마비가 점점 심해져서 이제는 지팡이가 있어야만 계단을 올라갈 수 있지만 옛날에는 안 그랬어요. 고등학교 때는 진짜 운동도 잘했고 잘생겼었거든요. 히히."

"그래, 지금도 니 잘생겼다. 고등학교 때는 더 잘생겼었단 말이제?"

"근데 형, 제가요, 이번에 선교 헌금 5만 원 다 냈어요."

형제의 말을 듣자마자 저는 반사적으로 '아, 얘가 5만 원이 많다고 불평하는구나' 하고 생각했습니다.

"어, 그러니? 내가 리더들한테 융통성 있게 걷으라고 일러 뒀는데 잘 안 됐는갑다. 미안하다. 형이 이따가 돌려주라고 할게."

"아니요! 형, 그게 아니고요! 제가 몸이 불편해서 직장을 쉬느라고 나라에서 나오는 지원금 갖고 생활하잖아요. 그래서 교회에서 여러 모로 할인도 해주고 면제도 해줘서 내는 거 별로 없어요.

근데 이번에는 선교 여행 가는 거잖아요. 선교 헌금으로 냈으니 5만 원이 하나도 안 아까워요. 제가 얼마나 기쁜 마음으로 냈다고요."

형제가 더욱 힘주어 말하는 동안 운전대를 잡은 손이 떨렸습니다. 본의 아니게 형제를 오해했던 제 자신이 부끄러워서 머리부터 발끝까지 뜨거워지는 것 같았습니다.

예수님이 칭찬하셨던 두 렙돈을 헌금한 과부가 떠올랐습니다.

"와, 대단하다! 니 정말 멋있데이! 내는 니 이야기 듣는데 예수님이 칭찬하셨던 과부가 생각나더라. 예수님이 니 칭찬 진짜 많이 해주시겠다. 정말 기뻐하실기야. 내가 이렇게 완전 감동인데 하나님 아버지는 어떠시겠노? 와야, 진짜 니 생각할수록 대단한 것 같다."

"고마워요, 형. 비록 내 몸은 이렇지만 난 진짜 믿어요. 하나님이 날 향해 큰 계획을 가지고 계시다는 걸요. 하나님이 병호 형을 크게 쓰고 계시잖아요. 나도 형처럼 반드시 크게 쓰실 거라고 믿고 있어요."

"당연하지. 하나님이 내보다 니를 더 크게 쓰실 거다. 닉 부이치치 그분 알제? 전 세계를 누비는 희망 전도사가 되어 하나님께 특별하게 쓰임 받고 있잖아. 진짜 기대된다. 형이 너를 위해 기도할게."

그때부터 형제는 제게 한국의 닉 부이치치가 되었고, 저는 그가 앞으로 어떻게 쓰임받을지 기대하는 마음으로 기도하고 있습니다.

> "또 어떤 가난한 과부가 두 렙돈 넣는 것을 보시고 이르시
> 되 내가 참으로 너희에게 말하노니 이 가난한 과부가 다른
> 모든 사람보다 많이 넣었도다 저들은 그 풍족한 중에서 헌
> 금을 넣었거니와 이 과부는 그 가난한 중에서 자기가 가지
> 고 있는 생활비 전부를 넣었느니라 하시니라"(눅 21: 2-4).

안목의 정욕이 넘치는 곳에서도 할렐루야!

부산 해운대 53사단에는 진충교회가 있습니다. 주일이 되면 군대에 갓 입대한 훈련병들이 교회를 찾아옵니다. 수영로교회 대학부 간사로 있으면서 4년 넘게 군 사역도 담당했는데, 두세 개 마을 지체들과 전도부 삼사십 명과 대학부 찬양팀 스무 명으로 구성된 팀이 매달 첫째 주 주일 오전 53사단을 향해 떠났습니다.

찬양팀이 7시에 교회에 먼저 도착하여 악기들을 싣고 출발하고, 후

발대는 8시에 출발합니다. 8시 40분쯤 되면 군기가 바짝 든 훈련병들이 정렬하여 구령에 맞춰 오는 것이 보이기 시작합니다.

"왼발, 왼발, 발맞추어 가."

교회로 오는 모습이 마치 훈련 받으러 오는 것 같습니다. 입구에서 청년들의 열렬한 환영을 받고 나서야 훈련병들의 긴장이 풀립니다.

"반갑습니다. 환영합니다. 축복합니다."

예배당으로 뛰어 들어온 훈련병들의 입가에 띤 웃음은 다 똑같은데 반응은 제각각입니다. 어리둥절한 표정으로 두리번거리거나 쑥스러워서 일부러 뒤쪽으로 돌아가는가 하면 휘파람을 불거나 손으로 하트를 날리며 윙크하기도 합니다. 그러면서도 자리에 앉을 때는 전후좌우 자로 잰 듯이 반듯하게 맞춰서 앉는 걸 보니 군인은 군인인가 봅니다.

찬양이 시작되면 훈련병들이 몇 주차인지 금방 알아볼 수 있습니다. 1주차는 머뭇머뭇 눈치를 살피고, 2, 3주차는 신이 나서 열심히 찬양하고, 4주차는 완전히 난리가 납니다. 찬양을 하는 건지 소리를 지르는 건지 분간이 안 될 정도로 목청껏 찬양합니다.

그러다가 신나는 율동을 하거나 탬버린이 등장하기라도 하면 그야말로 열광의 도가니가 됩니다. 때로는 너무 흥분한 나머지 무대 위로 뛰어 올라오는 훈련병도 있습니다.

이들 대부분은 찬양에 담긴 진정한 경배의 의미를 모를 것입니다. 그저 음악이 신나니까 따라 부르고 몸을 흔들어 댑니다. 그러나 우리는 그들이 예수님을 진정으로 만나는 기회를 가질 수 있도록 기도합니다.

목사님의 말씀이 시작되면 딴청을 부리거나 단잠에 빠지는 병사들이 많지만 그 와중에 말씀에 귀를 기울이는 병사들도 상당히 많습니다. 그래서인지 영접 기도를 통해 예수님을 구주로 모시길 원하는 사람은 그 자리에서 일어나라고 요청할 때 상당수의 훈련병들이 그 자리에서 일어납니다. 우리는 그들을 위하여 합심하여 축복 기도를 드립니다. 훈련병 자신뿐 아니라 그로 인해 모든 일가친척들이 예수님을 믿는 믿음의 집안이 되기를 간절히 기도하는 것입니다.

예배 후의 간식 시간은 그 열기가 더 뜨겁습니다. 간식을 먹기 전에 간단한 레크리에이션을 진행하는데 훈련병들은 간식을 하나라도 더 받기 위해 전투 모드로 변합니다.

각 소대와 중대를 대표하는 끼 있는 병사들이 펼치는 응원전 또한 기가 막힙니다. 한 치의 양보도 없이 팽팽하게 기 싸움을 벌입니다.

레크리에이션 진행자로 세운 센스 있고 당당한 자매는 500여 명의 훈련병들을 쥐락펴락합니다. 그 순간만큼은 훈련소 조교나 대대장의 말보다 사회자 자매의 말이 우선입니다. 너무나 뜨거운 열기에 혹시라도 안전사고가 있을까 봐 무대 앞에 형제들로 바리케이드를 칩니다.

간식을 나눠 줄 때 똑같은 간식이라도 형제들이 주면 잘 안 받으려고 하고 꼭 자매들 앞에만 줄을 길게 섭니다. 자매들에게 간식을 받으면서 어찌나 우렁차게 감사 인사를 하는지 그 모습을 보면 웃음이 절로 납니다.

드디어 부대로 복귀해야 하는 시간이 되면 계단 양옆에 서서 축복송을 불러 주는 우리들을 향해 훈련병들이 먼저 하이파이브를 하기도 하고 "다음 주에도 꼭 오세요. 기다리고 있겠습니다" 하고 소리쳐 인사하기도 합니다.

가끔씩 그 틈을 타서 자기 마음에 드는 자매에게 편지나 쪽지를 건네기도 합니다. 자매들은 받은 편지들을 모두 팀장인 저에게 제출해야 합니다. 자칫 자매가 곤란해지는 상황을 미리 막기 위해서 취하는 사전 예방 조치입니다.

편지의 대부분은 "첫눈에 반했습니다. 휴가 나가면 연락드리겠습니다. 제 휴대전화 번호는 010-0000-0000입니다. 문자라도 주십시오. 군 부대로 편지를 써주십시오. 사진도 보내 주십시오"라는 내용입니다.

때로는 웃지 못할 상황이 벌어지기도 합니다. 한 자매가 "이 주체 못할 인기를 어쩌면 좋지요? 팀장님, 여기 또 있어요" 하고 받은 편지를 자랑스럽게 내밀었는데 펼쳐 보니 자기 여자 친구에게 전해 달라고 준 편지였던 것입니다. 지체들이 터져 나오는 웃음을 주체 못해 킥킥거리고 자매는 얼굴이 빨개져서 어쩔 줄 몰라 했습니다.

정말 진지한 태도로 자매에게 대시하는 훈련병도 있습니다. 자기는 공익 근무 요원이라 훈련이 끝나면 바로 사회로 나가게 되니 한번 만나자며 자매에게 전화번호를 묻습니다. 교회를 잘 다니겠다는 약속도 덧붙이지요.

자매가 정중하게 거절해도 떼를 쓰는 경우가 있는데 크게 걱정할 필요는 없습니다. 이럴 때를 대비해서 미리 교육한 바가 있기 때문입니다. 전화번호를 적어 주는 것입니다.

'최병순 010-0000-0000'

제가 최병순으로 다시 태어나는 순간입니다.

브니엘,
하나님의 얼굴

야곱이 이스라엘이 되는 학교

제 모교이자 직장인 브니엘학교는 브니엘고등학교, 브니엘여자고
등학교, 브니엘국제예술중학교, 브니엘예술고등학교 이렇게 네 개의
학교로 구성되어 있습니다. 저는 브니엘예술고등학교에서 수학을 가
르치고 있습니다.

'브니엘(Peniel)'은 '하나님의 얼굴'이라는 뜻입니다. 야곱이 천사와
씨름하여 이기고 이스라엘이라는 새 이름을 받은 뒤 그곳을 브니엘
이라 불렀습니다.

하나님의 얼굴이란 이름의 기독교 학교답게 예배와 성경 공부 모임이 틈틈이 있습니다. 매일 아침 5~10분 정도 드리는 방송 예배 덕분에 교회에 다니지 않는 친구들도 하나님의 말씀으로 하루를 시작할 수 있습니다. 그때 스피커에서 흘러나오는 교내 동아리 '예닮 중창단'의 찬양이 얼마나 아름다운지 모릅니다. 점심시간에 찬양 연습 모임과 성경 공부 모임이 있어서 학교 안에 말씀과 찬양 소리가 끊이지 않습니다.

2011년 어느 날이 떠오릅니다. 당시에 이정화 목사님이 교목이셨는데, 학생 두 명과 함께 교목실에 목사님을 뵈러 갔습니다. 네 사람이 한자리에 모여 서로의 관계를 돌아보니 은혜가 아닐 수 없었습니다. 저를 전도해 주신 이정화 목사님이 1대, 학생을 전도한 교사 최병호가 2대, 자기 친구를 전도한 학생이 3대 그리고 이제 갓 믿음을 갖게 된 학생까지 믿음의 4대가 모두 한자리에 모인 것입니다. 하나님을 찬양하지 않을 수가 없었습니다. 이것이 얼마나 큰 은혜인 줄을 잘 알기에 네 명이 손잡고 함께 감사 기도를 드렸습니다.

매주 수요일은 찬양 예배가 있는 날입니다. 한 학생이 와서 불만을 털어놓았습니다.

"쌤, 찬양하러 오는 아이들 중에 맛있는 거 얻어먹으려고 오는 애들은요 찬양도 잘 안 하고요, 분위기만 흐려 놓는다 아입니까. 걔네들은 간식도 주지 말고 아예 못 오게 하는 게 낫지 않을까요?"

보통 50~100명 정도, 많을 때는 100~200명이 모이는 예배인데 그중에 말썽꾸러기들이 있었던 모양입니다.

"아이쿠, 니는 진정으로 찬양드리며 예배하고 싶은데 걔네들 때문에 방해받았나 보구나. 그래, 쌤이 무슨 말인지 알았어. 그런데 그 애들도 이런 기회에 와서 찬양하다가 예수님을 만나는 게 좋지 않겠니? 예수님을 아직 모르는 것 같은데 안쓰럽잖아. 쌤이 그 애들 못 까불게 옆에서 잘 지킬 테니 그냥 오게 하면 안 되겠나?"

제 얘기를 듣고 학생이 고개를 끄덕이기는 했지만 썩 마음에 드는 눈치는 아니었습니다. 그로부터 1년 정도 지난 무렵에 그 학생이 또 저를 찾아왔습니다.

"쌤요, 그때는 쌤이 왜 그렇게 하시는지 몰랐어요. 그런데 보니까 그동안에 그 애들이 싹 다 변했더라고요. 아, 쌤은 전도를 그렇게 하시는구나 하고 이제 깨달았어요. 진짜 존경합니데이. 쌤!"

밝은 얼굴로 얘기하더니 갑자기 허리를 90도로 굽혀 인사를 하는 것이었습니다. 덕분에 깜짝 놀랐지만 곧장 하나님께 감사 기도를 드렸습니다.

열린교회에서 기쁨을 채우는 아이들

브니엘예고에는 기숙사가 있습니다. 제주도, 전라도, 서울 등지에서 온 학생들이 사는 곳입니다. 이 친구들을 위해 만들어진 것이 '브니엘열린교회'입니다.

브니엘열린교회에서 예배드리는 학생들은 진로뿐 아니라 친구의 어려운 문제를 놓고도 합심하여 기도하곤 합니다. 학교 친구들이 예수님을 만나도록 기도하며 나라와 민족과 열방을 품고 기도하는 아이들입니다. 기도하는 모습을 보고 있으면 아이들의 기도가 이렇게 매일 쌓여 가는데 하나님이 우리 학교 학생들을 축복하지 않으실 수가 없겠구나 하는 생각이 절로 듭니다.

크리스마스가 되면 산타클로스 복장을 한 열린교회 선생님들이 케이크와 선물들을 들고 기숙사를 방문하기 때문에 기숙사 아이들이 기대하고 기다립니다. 선생님들이 4인용 방을 돌면서 기타를 치며 축복송을 불러 주고 방마다 케이크의 촛불을 끄는 이벤트와 선물 고르기를 합니다.

가끔씩 기숙사 아이들을 데리고 드라이브를 가기도 하는데 아이들을 태우고 광안대교를 시원하게 달려서 송정 바닷가에 도착하면 모래사장 위를 뛰어다니며 술래잡기 놀이를 합니다. 그때 나눠 먹는 어묵과 샌드위치는 정말 잊을 수 없는 꿀맛입니다.

학부모님들이 집을 떠나 있는 아이들에게 따뜻하고 아름다운 추억을 만들어 줘서 고맙다는 인사를 해주시곤 합니다.

하루에 적어도 다섯 명을 붙여 주세요

저는 하루를 기도와 말씀으로 시작합니다. 때로는 마음을 힘들게 하는 아이들 생각에 기도가 잘 안 나올 때도 있습니다. 그럴 때는 "아빠 아버지 사랑합니다"라는 고백만 되뇝니다. 한 10번 정도 하고 나면 눈물이 흐릅니다. 말할 수 없는 탄식으로 저를 위해 기도해 주시는 성령님의 도우심을 느낍니다.

기도를 시작하면 마치 하나님과 마주 앉아 있는 것처럼 다다다다–

기도를 쏟아 냅니다.

"교사로서 아이들 잘 가르치게 해주세요. 그리고 오늘도 제게 아이들을 붙여 주십시오. 그 아이들을 알아볼 수 있게 해주시고 아이들이 저를 찾아올 수 있게 해주세요."

이렇게 기도드리면 하나님이 "내 다 안다. 네가 말하지 않아도 다 안다"라고 말씀해 주시는 것만 같습니다.

하루에 적어도 다섯 영혼을 제게 붙여 달라고 기도합니다. 그리고 매일 제게 보내 주시는 사람이 누구인지 민감하게 반응하려고 노력합니다.

학교가 저에게는 영적 전쟁터입니다. 그래서 학교에 있으면 늘 긴장의 끈을 놓지 않습니다. 자칫 해이하게 있으면 정말 도움이 필요한 친구를 알아채지 못하고 그냥 보낼 수 있으니까 말입니다. 외로움에 사무쳐서, 친구들과의 문제 때문에, 부모님과의 갈등 때문에, 진로와 성적 문제로 저를 찾아오는 아이들을 한 명도 놓치지 않으려고 애쓰지만 분명히 이미 많은 아이들을 놓쳤을 것입니다. 그런 아이들을 생각하면 미안하고 하나님께 죄송합니다. 어떻게든 누구라도 잃지 않기 위해서 최선의 노력을 기울일 뿐입니다.

보혈은 몰라도 예피는 알아요

초코파이를 얻어먹기 위해 교목실로 몰려오는 학생들이 있습니다. 그냥 줄 때도 있지만 원칙적으로는 질문에 대답을 잘하는 친구들에게 초코파이를 주는 것입니다.

"애들아, 연필로 잘못 쓰면 어떻게 지우지?"

"지우개로 지워요."

"사람의 죄에는 두 가지가 있는데, 뭐지?"

"원죄와 자범죄요."

"그럼, 죄는 무엇으로 깨끗하게 할 수 있지?"

"예수님의 피요."

"주일에는 어디에 가야 하지?"

"교회요."

"교회에 가면 누구를 믿어야 하지?"

"예수님이요."

"옳거니, 잘했다. 자, 맛있게 먹어라."

"와, 고맙습니다."

초코파이를 맛있게 먹고 있는 아이들에게 또 묻습니다.

"그래, 애들아, 예수님의 피가 정말로 중요하단다. 그래서 예수님의 피를 두 글자로 뭐라고 하는지 아니?"

"음… 예피요."

"응? 뭐시라. 예피? 그게 뭔데?"

"예수님의 피니까 줄여서 예피죠."

"아이쿠, 니 천재네. 예피라. 하하하. 그래, 예피 맞다고 해줄게. 근데 내가 원한 답은 보혈이데이. 잘 기억해 두그래이."

좋은 교사가 되기란 쉽지 않은 일 같습니다. 특히 다양한 개성을 가진 아이들의 마음을 얻는 좋은 교사가 되기는 더 어려운 것 같습니다.

무엇보다도 아이들과의 소통이 가장 중요한 것 같습니다. 아이들은 대화하지 않고 일방적으로 지시만 내리는 선생님이 가장 힘들다고 말합니다. 그래서 아이들과 원활하게 소통하기 위해서 늘 힘쓰고 있습니다. 또 학생들은 옳은 말이 아니라 자기가 좋아하는 선생님의 말을 듣는다는 브니엘고등학교의 전영헌 목사님의 말씀을 새기고 아이들의 마음을 얻는 교사가 되려고 항상 기도하며 노력합니다.

결론적으로 주의 일을 감당하려면 사람을 품는 능력이 가장 중요한 것 같습니다.

> "너그러운 사람에게는 은혜를 구하는 자가 많고 선물 주기
> 를 좋아하는 자에게는 사람마다 친구가 되느니라"(잠 19:6).

> "미움은 다툼을 일으켜도 사랑은 모든 허물을 가리느니
> 라"(잠 10:12).

여름방학 중에 기도하는데 위의 말씀들이 마음을 자꾸 찔러서 1학기 동안에 제게 가장 많이 혼났던 우리 반 학생 둘을 한자리에서 만났습니다. 혼내고 꾸중한 적도 있지만 시간이 지나서 얘기를 나누니 모두 아름다운 추억이 되어 있었습니다. 다만 새로 시작할 2학기 때

는 혼나고 꾸중 듣는 일로 추억을 만들지 말고 좋은 일로 멋진 추억을 만들어 보자고 서로 손가락을 걸고 약속하는 시간을 가졌습니다.

그랬더니 2학기 때 두 학생의 태도가 확연히 달라졌습니다. 제일 말을 안 듣던 녀석들이 나서서 "니들, 쌤 말씀하시는대로 쫌 들어봐라"라고 나무라기까지 해서 배꼽을 잡고 웃기도 했습니다.

제가 가진 가치관과 직업관에 의해 저는 이런 교사가 되고 싶습니다. 첫째, 수학을 잘 가르치는 교사가 되고 싶습니다. 즉 수학 원리가 학생들의 머릿속에 쏙쏙 들어가도록 쉽고 재밌게 수업하는 것입니다. 수업 진행도 잘 못하면서 학생들에게 교회 가자고 하면 속으로 '교회 갈 시간에 수업 연구나 더 하시지!' 하는 핀잔을 줄지 모릅니다. 스스로 부족한 면을 채우기 위해 항상 집중하며 연구하고 있습니다.

둘째는 아이들을 잘 돌보는 교사가 되고 싶습니다. 가치관과 인격이 형성되는 청소년기에 아름다운 가치관, 올바른 인격이 형성되도록 최선을 다해 도와주는 것입니다. 혹시나 왕따 당하는 친구는 없는지, 가정 문제, 성적 문제, 이성 문제로 힘들어하는 아이들은 없는지 늘 살피고 보살피려고 노력합니다.

수학을 잘 가르치고 학생들을 잘 돌보는 교사가 되고 싶은 이유는 결국 제가 맡은 아이들이 예수님을 만났으면 하고 바라기 때문입니다. 어린 영혼들을 예수님께로 인도하는 길이 가장 옳은 길임을 알기에 죽을 때까지 목숨 바쳐 최선의 노력을 다할 것입니다.

"지혜 있는 자는 궁창의 빛과 같이 빛날 것이요 많은 사람

을 옳은 데로 돌아오게 한 자는 별과 같이 영원토록 빛나

리라"(단 12:3).

박진영 씨, 바라던 것은
찾으셨습니까?

자유를 찾아서

2012년 봄에 가수 박진영 씨가 SBS TV 〈힐링캠프〉에 출연했습니다. 그의 이야기를 들으면서 많은 생각을 했습니다.

박진영 씨에게 있어서 인생에서 가장 소중한 것은 자유라고 합니다. 초등학교 때도 소중한 자유를 누리기 위해 숙제를 일단 끝내 놓고 놀 정도였습니다.

성인이 된 그에게 생긴 첫 번째 목표는 20억 원이라는 돈이었습니다. 그쯤 벌어 놓으면 평생 돈에 구애 받지 않고 자유롭게 살 수 있을 줄 알았다고 합니다. 26살 때 그 목표를 이뤘습니다. 그러나 목표를 이뤘지만 돈으로 자기가 하고 싶은 것들을 다 할 수 있는 건 아니라는 것을 깨달았습니다. 돈으로는 자유로워질 수 없음을 깨달은 것입니다.

그때부터 돈이 아니라 '명예'를 얻으면 자유로울 수 있을까 하는 생각에 목표를 '명예'로 바꾸었습니다. 즉 자신의 분야에서 최고가 되는 목표를 세운 것입니다.

가수만으로는 성에 차지 않아 제작자가 되었습니다. 1999년 god 프로듀싱을 맡아서 대성공을 거뒀습니다. 그러나 그 정도로는 충분하지 않았습니다. 명예를 더 빨리 얻고자 가장 힘들면서도 빛나는 일이 무엇일까 고민하게 되었습니다.

그래서 찾은 것이 미국 시장에 진출하는 것이었습니다. 아시아 출신 작곡가가 미국 톱 가수 앨범에 곡을 수록한 적이 없다는 것을 알고 도전을 시작했습니다. 한계에 부딪혀 보고 싶었던 것입니다.

그가 생각한 명예는 1등에게 주어지는 것이 아니라 앞서 가는 자, 즉 리더에게 주어지는 것이었습니다. 그에게 리더란 새로운 길을 보여 주고 다른 사람들이 갈 수 있도록 길을 닦는 자입니다. 그렇기에 미국 진출이라는 새로운 길을 보여 주고 다른 사람들이 따라올 수 있도록 돕는 리더가 되고 싶었습니다.

각고의 노력 끝에 아시아 작곡가로서는 최초로 미국 진출 11개월 만에 빌보드 차트 10위권 앨범에 곡을 수록하게 되었습니다. 목표를 달성한 것입니다. 스스로가 너무나 자랑스러웠습니다. 자기가 작곡한 곡이 들어 있는 메이스(Mase), 윌 스미스(Will Smith), 캐시(Cassie)의 앨범을

방에 전시해 두고 매일 흐뭇하게 바라봤습니다.

그러다가 문득 '내가 어떻게 저런 노래를 만들었을까?' 하는 생각이 들었습니다. 생각해 보니 모든 게 자신에게 너무나 과분했던 것입니다. 그래서 '아, 나에게 지독한 운이 따랐었구나. 왜 내게 이런 운이 따라왔을까?' 하고 고민하기 시작했습니다. 그때까지 걸어온 길을 돌아보며 그의 노력보다 운이 따라서 되었던 일들을 찾아 적어 내려가기 시작했습니다.

1. 1972년 한국에서 자기 부모님의 자녀로 태어난 것.

2. 어머니가 억지로 피아노를 치게 하신 것.

3. 7살 때 미국에서 2년 반을 억지로 살았던 것.

4. 그때 마이클 잭슨(Michael Jackson)의 노래를 만난 것.

5. 2년 반 동안 영어를 배운 것.

6. 공부를 잘할 수 있는 영리한 머리와 집중력을 주신 것.

7. 아날로그 시대와 디지털 시대의 경계에서 태어나 아날로그의 감성을 가지고 디지털을 이용해서 표현할 줄 알게 된 것.

8. 김형석 작곡가를 만난 것.

9. 방시혁 작곡가를 만난 것.

10. 수많은 가수들과 만난 것.

11. 16년간 계속 악상이 떠오른 것.

12. 각종 사고 질병에도 아직까지 죽지 않은 것.

다 적어 놓고 보니 모든 것들에 대해 감사함이 올라왔습니다. 어느 것 하나만 없었어도 지금처럼 되지 못했으리라는 생각이 들었습니다. 그런데 대체 뭘 잘했다고 자만하며 떠들었던가 하는 생각이 밀려왔습니다.

'나의 노력은 많이 쳐야 30%, 나머지 70%는 운이었다. 내 성공은 결국 내 것이 아니었구나.'

진짜 사용 설명서는 만든 사람에게 있다

깨닫는 순간 갑자기 시선을 하늘로 돌리게 되었습니다.

'아, 누군가 있구나. 나에게 이렇게 베풀어 준 어떤 이유가 있겠구나.'

생각이 여기까지 다다르자 "감사해요"라는 말이 튀어나왔습니다. 감사하는 태도를 갖게 된 것입니다. 곡을 하나 쓰고 나면 감사합니다. 가사 하나 쓰고 나면 감사합니다. 넘어질 뻔하다가 안 넘어지면 감사합니다. 그것도 그냥 말하면 성의가 없는 것 같아서 항상 창문을 열고 하늘을 올려다보면서 "감사합니다" 하고 인사했습니다.

그런데 어느 날 위에서 "감사하다면서 말로만 감사할래?"라고 말하는 것 같아서 "그렇다면 어려운 사람들을 도울게요" 하고 약속하고 남을 돕기 시작했습니다.

'드디어 내게 자유가 오는구나! 인생은 이렇게 열심히 살아서 얻은 것을 어려운 사람들과 나누며 사는 것이로구나!'

마침내 바라던 것을 찾은 것 같아서 한동안 행복했는데, 어느 날 위에서 이렇게 말하는 것 같더랍니다.

"고맙다면서 왜 나를 안 찾아오니?"

그러고 보니 도움을 주었는데도 찾아오지 않는다면 충분히 서운할 만하다는 생각이 들었습니다. 그래서 그게 누군지는 모르겠지만, 하나님인지 부처님인지 외계인인지 그냥 초월적 에너지인지 모르겠지만 찾아가겠다고 약속했습니다.

"이제부터 제가 찾아갈 테니 가이드를 해주세요. 어디부터 어떻게 가야 합니까?"

그 다음부터 일주일에 하루를 빼서 오로지 그 존재를 찾는 일에만 집중했습니다. 과학책, 성경책, 코란, 불경, 사이언톨로지 책 등을 모두 펼쳐 놓고 그렇게 절대자를 찾기 시작한 지 2012년 봄까지 2년이 되었다고 합니다.

"저는 종교를 원하는 게 아니라 정말로 인간과 세상을 누가, 왜 만들었는지 알고 싶습니다. 정확하게 알고 싶어요.

사람의 몸은 100조 개의 세포로 이루어져 있어요. 그런데 세포 하나하나가 인간이 만든 가장 위대한 기계보다 더 복잡합니다. 우리 몸은 자동차보다도 몇 조 배나 더 복잡한 기계인데 면허증도 없고 사용 설명서도 없어요.

진짜 사용 설명서는 만든 사람만이 가지고 있을 거예요. 저는 인간을 만든 존재를 만나서 사용 설명서를 받고 싶습니다."

이것이 현재 박진영 씨의 바람입니다.

그가 지금까지 좌충우돌 부딪히며 살아온 인생에서 내린 결론은 이렇습니다.

"첫 번째 목표인 돈을 어느 정도 벌고 나니 삼분의 일 정도의 행복과 자유가 찾아왔다. 두 번째 목표인 명예와 사랑을 얻으니 삼분의 이쯤 행복이 채워지는 것 같았다. 그런데 성공했음에도 불구하고 허무함이 느껴졌다. 그래서 다른 사람을 돕는 자선 활동을 시작했는데 덕분에 꽤 많이 행복해졌다. 진정한 자유의 99%까지 도달 가능한 것 같다.

그런데 자기가 가진 모든 것을 다 남에게 나눠 주더라도 결국은 세상과 인간을 누가 왜 만들었는지 모른다면 그 1% 때문에 끊임없이 쓸쓸하고 혼란스럽고 고통스러워진다는 것을 깨달았다."

박진영 씨의 이야기를 듣고 나니 감사와 회개가 동시에 나왔습니다. 박진영 씨가 그렇게도 바라는 답을 저는 알고 있기에 감사했고 박진영 씨만큼 진리에 대해 절절하지 못해서 회개가 되었습니다.

이 세상과 사람을 만드신 분은 바로 하나님이시며 인간 사용 설명서는 성경입니다. 이것을 아는 것에 대해서 감사하고 행복합니다. 하지만 인간을 만든 존재를 만나 사용 설명서를 받고 싶다는 그의 말에 심장이 멈추는 것 같았습니다. 사용 설명서를 책으로 몇 권 가지고 있고 심지어는 스마트폰 안에도 넣어 두었건만 박진영 씨만큼 간절한 마음으로 찾지는 않는다는 사실이 부끄러워졌습니다.

박진영이라는 한 사람의 삶에 대한 자세와 목표를 향한 열정을 배울 수 있어서 감사했습니다. 그가 그토록 만나기를 바라는 분이 바로 하나님이시란 것을 깨닫는 날이 오기를 바랍니다. 그래서 그가 진정한 자유와 행복을 누렸으면 좋겠습니다.

그가 말하는 것을 보면 자기도 모르는 사이에 길을 제대로 찾아가고 있는 것 같다는 생각이 듭니다.

"사람들은 인생의 주체가 자신이라고 말하지만, 인간은 자기 삶의 주체가 될 수 없습니다. 절대로요. 자기 몸의 주체도 될 수 없다고 생각해요. 한 번만 뒤돌아보세요. 자기 계획대로 된 일이 얼마나 있는지. 내 인생의 주체가 내가 아니란 걸 깨달은 순간부터 오히려 더 열심히 살게 되었어요. 왜냐하면 결과에 상관없이 내가 오늘 얼마나 열심히, 올바른 마음으로 살았는지를 알아주는 존재가 있다는 생각에 더 열심히 사는 거죠. 그러니 결과가 안 좋아도 억울하지 않아요."

우리를 자유롭게 하는 것

기도합니다. 박진영 씨가 예수 그리스도를 만나기를. 그가 크리스천이 되면 음악을 통해 선한 영향력을 얼마나 엄청나게 끼칠까 하고 벌써부터 기대됩니다. 이미 하나님이 그의 마음을 만지고 계신 건 아닐까 하는 생각도 듭니다.

그가 창문을 열고 하늘을 올려다보며 감사 인사를 한다는 이야기에 제 몸에 짜릿한 경련까지 일어났습니다.

'내가 창문을 열고 하늘을 향해 하나님께 감사드렸던 적이 있던가. 힘들 때나 일이 꼬일 때 하늘을 쳐다보며 내게 왜 이러시느냐고 투정

부리기만 했구나.'

반성하고 또 반성했습니다.

아무쪼록 박진영 씨가 자신이 '하나님의 기쁨이며, 하나님의 가족이 되고, 그리스도를 닮고, 하나님을 섬기며, 사명을 위해 신묘막측하게 지으신 존재'라는 사실을 알기 바랍니다.

그가 그렇게도 간절히 누리기를 갈망하던 자유를 어떻게 하면 누릴 수 있는지 알려 주는 찬양이 있습니다.

죄에서 자유를 얻게 함은
보혈의 능력 주의 보혈
시험을 이기고 승리하니
참 놀라운 능력이로다

주의 보혈 능력 있도다
주의 피 믿으오
주의 보혈 그 어린양의
매우 귀중한 피로다
-〈새찬송가 268장〉

이 찬송가 가사처럼 진정으로 우리를 자유케 하는 것은 보혈의 능력뿐입니다. 우리가 이처럼 자유롭지 못한 이유는 바로 죄 때문인 것입니다.

절대자를 찾고 있는 박진영 씨가 부디 진리되시는 하나님을 알고, 예수 그리스도를 인격적으로 만나길 간절히 기도합니다.

"진리를 알지니 진리가 너희를 자유롭게 하리라"(요 8:32).

이렇게
사는 것도
괜찮네!

제가 책을 쓰는 이유는 하나님께 비전을 받았기 때문입니다. 아무 것도 아닌 저를 통해 역사하시는 하나님께서 책에 대한 부담감을 계속 주십니다. 저의 전도 방법이 정답이라고는 절대 생각하지 않습니다. 책을 보시는 분들은 저와는 다른 환경에서 살면서 저와 다른 말투와 다른 외모를 가지셨잖아요. 그저 이렇게 생각해 주시면 좋겠습니다.

'이 청년은 이런 환경에서 이렇게 했구나. 하나님께서 역사하신 거구나! 이렇게 사는 것도 괜찮네!'

제가 드리는 이야기를 참고하여 전도에 적용해 주신다면 하나님께 감사와 영광을 올려드릴 뿐입니다. 아직 시도도 못하고 망설여지기만 할 때 이 책을 읽어 주세요.

'이렇게 어리바리한 청년도 했는데, 난 더 잘할 수 있어! 하나님이 함께하시면 더 큰 일도 할 수 있을 거야!'

이렇게 확신을 얻고 뭔가를 시도해 보신다면 더 이상 바랄 것이 없습니다.

저는 컴패션 단체를 통해 해외 어린이를, 세이브 더 칠드런 단체를 통해 국제 어린이를, 동북아교육문화협력 단체를 통해 북한 어린이 양자삼기 운동으로 북한 어린이를 돕고 있습니다.

그런데 션 형제님을 통해 새로운 꿈이 생겼습니다. 지금처럼 열심히 전도하는 삶을 살며 1,000명의 아이들을 도와주는 아버지가 되겠다는 꿈입니다. 션 형제님은 부인 정혜영 씨와 함께 지금 현재 803명의 아버지, 어머니가 되어 아이들을 도와주고 있다고 합니다. 션과 정혜영 부부를 통해 저도 이 두 분을 본받아 아름다운 꿈을 꾸며 아름답게 이 땅에서 살다가 하나님 품으로 가고 싶습니다.

저는 하늘나라에 가면 "그래, 병호야. 네가 사는 동안 최선을 다해 나를 전한 것을 안다. 내 백성에게 기쁜 소식을 전하다가 왔구나" 하고 하나님께 칭찬받고 싶습니다.

전 세계를 돌아다니시며 강의하시는 박수웅 장로님과 더불어 제 삶에 롤 모델이 되시며 두 분을 보고 배울 수 있어서 너무나 감사드립니다. 이분들께 식사 대접하며 진심어린 감사를 표현할 기회가 왔으면 좋겠습니다.

아무쪼록 여러분을 통해 모든 가족 친척이 예수님을 믿는 믿음의
명문 가정이 되시고 모든 삶에 전도가 최고의 기쁨이 되는 행복한 전
도의 삶을 사시길 두 손 모아 기도드립니다.

전도는 양육까지!

이 책이 당신을 전도 · 양육왕으로 거듭나게 하기를 기도합니다.